Matthias Hengelbrock

Thesaurus Latinus

Vokabeln und Formen zum Nachschlagen

4., durchgesehene Auflage

Vandenhoeck & Ruprecht

Umschlagabbildung: Am Theater in Ostia antica (Aufnahme: Verlagsarchiv)

Bibliografische Information der Deutschen Nationalbibliothek

Die Deutsche Nationalbibliothek verzeichnet diese Publikation in der Deutschen Nationalbibliografie; detaillierte bibliografische Daten sind im Internet über http://dnb.d-nb.de abrufbar.

ISBN 978-3-525-25700-5

© 2016, 2009 Vandenhoeck & Ruprecht GmbH & Co. KG, Göttingen/
Vandenhoeck & Ruprecht LLC, Bristol, CT, U.S.A.
www.v-r.de

Alle Rechte vorbehalten. Das Werk und seine Teile sind urheberrechtlich geschützt. Jede Verwertung in anderen als den gesetzlich zugelassenen Fällen bedarf der vorherigen schriftlichen Einwilligung des Verlages. Printed in Germany.

Satz, Layout und Gestaltung: Dr. Matthias Hengelbrock, Altes Gymnasium Oldenburg
Druck und Bindung: ⊕ Hubert & Co GmbH & Co. KG, Robert-Bosch-Breite 6, D-37079 Göttingen
Gedruckt auf alterungsbeständigem Papier.

Einleitung

Dieses Buch kommt dem Wunsch vieler Schüler und Studenten nach, ein streng alphabetisch geordnetes Vokabelverzeichnis und übersichtliche Formentabellen zur Hand zu haben. Es will also nicht mit dem didaktischen Anliegen einer systematischen Wortkunde oder einer Schulgrammatik konkurrieren.

Im lexikalischen Teil sind als Grundstock zunächst die Vokabeln der Lehrbücher *Ianua Nova*, *Ianua Nova Neubearbeitung*, *Latinum Ausgabe B*, *Lumina*, *Litora* und *Intra* zusammengefasst. Darüber hinaus wurde einerseits der Lernwortschatz vieler Hefte der Lektürereihe *Exempla* eingearbeitet, andererseits ein nicht zu knapp bemessener Aufbauwortschatz, der eine solide Basis für eine breit gefächerte Oberstufenlektüre von Cicero bis Tacitus bietet. So ist dieser *Thesaurus Latinus* mit etwa 3350 Haupteinträgen umfangreich genug, um komplementär zu den gängigen Textausgaben zu sein: Was dort nicht als Lesevokabel oder in einer Spezialbedeutung angegeben ist, wird man hier finden.

Besonders wichtig war es dem Verfasser, eine Sensibilität für Probleme der Aussprache zu wecken, weswegen er vor den häufigsten Fehlern (z. B. »cōmēs« statt »cŏmĕs«) durch entsprechende Bemerkungen in Klammern warnt. Bei der Bezeichnung der Vokalquantitäten wurden die schematischen Vereinheitlichungen, die sich in vielen Wortkunden und Schulwörterbüchern finden lassen, nicht übernommen; vielmehr ist in Zweifelsfällen die fragliche Form in Klammern mit angegeben, da man wie in jeder Sprache auch im Lateinischen mit zeitlich, regional und sozial bedingten Aussprachevarianten rechnen muss.*

Die 1. Sg. Ind. Präs. Akt. wird nur bei unregelmäßigen Verben (īre: eō) und bei Verben der kurz-i-Konjugation (capere: capiō) verzeichnet; bei den übrigen Konjugationen wird sie als bekannt vorausgesetzt. Ebenso werden die regelmäßigen Stammformen der ā- und der ī-Konjugation nicht ausdrücklich angegeben. Im Übrigen steht die dritte Stammform, wenn sie nur als PFA oder nur im Spätlatein überliefert ist, in Klammern.

Junkturen und Redewendungen sind immer beim jeweiligen Substantiv, ggf. zusätzlich auch beim Adjektiv oder beim Verb angeführt. Auf etymologische Zusammenhänge, die nicht von selbst ins Auge springen, wird in eckigen Klammern verwiesen, ebenso (mit einem →) auf Fremd- und Lehnwörter oder Vokabeln anderer Sprachen, die auf das lateinische Lemma zurückgehen und das Lernen möglicherweise erleichtern. Im Fettdruck ist ein Grundwortschatz hervorgehoben, der einen Ausgleich zwischen den Ergebnissen neuerer statistischer Untersuchungen und den Erfordernissen der tatsächlich am häufigsten gelesenen Werke (Caesars *Bellum Gallicum* sowie Ciceros Reden gegen Catilina, gegen Verres und gegen Antonius) sucht.

---

* Um nur ein klassisches Beispiel zu nennen: Entsprechend einer spätantiken Grammatikernotiz und einem vereinzelten inschriftlichen Zeugnis wird *dignus* oft unkritisch mit langem ī angegeben; doch sowohl die Etymologie (Verwandtschaft mit *decet*) als auch die Fortsetzungen in den romanischen Sprachen (z. B. ital. *degno*) und eine metrisch kurze Messung bei Diomedes deuten auf ein ursprüngliches und in der Volkssprache beibehaltenes ĭ. Der *Thesaurus Latinus* folgt zumeist den differenzierten und problembewussten Angaben von Langenscheidts *Handwörterbuch Lateinisch–Deutsch*, bearb. v. Erich Pertsch auf der Grundlage des Menge/Güthling (Berlin [10]2007); darüber hinaus wurden auch die einschlägigen Handbücher von Meiser, Sommer/Pfister, Leumann und Walde/Hofmann konsultiert.

Methodische Hinweise

Die Erfahrung zeigt, wie wenig effektiv es oft ist, parallel zur Lektüre einen abstrakten Grundwortschatz alphabetisch oder nach Sachgruppen zu pauken bzw. die Vokabeln des inzwischen beiseitegelegten Lehrbuchs lektionsweise zu wiederholen: Zu viele »auf Vorrat« gelernte Wörter werden sehr schnell wieder vergessen. Ungleich ergiebiger ist es hingegen, genau diejenigen Vokabeln zu lernen bzw. zu wiederholen, die für die Lektüre eines bestimmten Textes wichtig sind. Dafür bietet sich u. a. folgendes Verfahren an:

Der Lehrer* diktiert die Grundformen derjenigen Vokabeln, die in der nächsten Stunde benötigt werden. Die Schüler übertragen diese Vokabeln mitsamt den Zusätzen (Stammformen, Genitiv und Geschlecht etc.) und allen Bedeutungen aus dem *Thesaurus Latinus* in ein Vokabelheft oder auf Karteikärtchen. Damit ist nicht nur der Text der nächsten Stunde vorentlastet, sondern auch eine deutlich höhere Motivation gegeben, die Vokabeln wirklich zu lernen. Für das erste Kapitel aus Caesars *Bellum Gallicum* sind dies z. B.:

> abesse, alius, appellāre, aut … aut, bellum, contendere, differre, dīvidere, fīnis, flūmen, fortis, gerere, incolere, importāre, ipse, lēx, lingua, longē, omnis, pars, pertinēre, proelium, prohibēre, proptereā quod, prōvincia, proximus, quā dē causā, quoque, reliquus, saepe, tertius, trāns, trēs, ūnus, virtūs.

Auf diese Weise können nach den Erfahrungen des Verfassers pro Halbjahr zwischen 750 und 1000 Vokabeln autorenspezifisch umgewälzt werden, in einem zweijährigen Oberstufenkurs also (unter Abzug einer nicht unbeträchtlichen Schnittmenge der vier Halbjahre) mindestens 2000 Einzelwörter und Wendungen. Zur Prüfungsvorbereitung reicht das völlig aus, und man gewinnt viel besser als beim Abarbeiten einer rein statistischen Liste einen organisch gewachsenen Eindruck vom Wortschatz der gelesenen Texte.

Eine Variante des beschriebenen Verfahrens ist, dass die Schüler selbstständig alle Vokabeln in ihr Vokabelheft oder auf Karteikarten übertragen, die sie bei der Übersetzung eines Textes nicht sofort (in der passenden Bedeutung) parat haben, sondern im *Thesaurus Latinus* nachschlagen müssen. Dies setzt zwar ein gewisses Maß an Eigenverantwortung und Selbstdisziplin voraus, macht die Arbeit aber noch nachhaltiger und interessanter.

Zeichenerklärung

=	gleich; gleichbedeutend mit
≠	ungleich; nicht zu verwechseln mit
≈	ungefähr gleichbedeutend mit
>	wird zu
<	ist entstanden aus
/	oder
*	in der Literatur nicht belegte, nur sprachwissenschaftlich erschlossene Form
*	siehe Anmerkung
→	vergleiche; siehe

---

* Mit »Lehrer« und »Schüler« sind selbstverständlich auch Lehrerinnen bzw. Schülerinnen gemeint; ebenso dürfen sich alle Hochschulmitglieder dies- und jenseits des Katheders angesprochen fühlen.

A

ā/**ab**/abs *m. Abl.*	von; von … her; seit
abdere, ábdidī, ábditum	verbergen [dare]
abdūcere, abdūxī, abductum	wegführen; entführen
abesse, absum, āfuī, —	entfernt sein; abwesend sein; fehlen
abhorrēre, abhorruī, —	vor *etw.* zurückschrecken; zu *etw.* nicht passen
abicere, abiciō, abiēcī, abiectum	wegwerfen; aufgeben (abiciō *sprich* abjiciō) [iacere]
abīre, ábeō, ábiī, ábitum	weggehen; fortgehen
abolēre, abolēvī, abólitum	beseitigen
abripere, abripiō, abripuī, abreptum	fortreißen; hinweggraffen [rapere]
abrumpere, abrūpī, abruptum	abreißen; wegreißen
absēns, absēns, absēns, *Gen.* absentis	abwesend
testibus absentibus (*nom. Abl. abs.*)	in Abwesenheit von *Zeugen*
absolvere, absolvī, absolūtum	ablösen; freisprechen
paucīs (verbīs) absolvere	*etw.* mit wenigen Worten abhandeln
abstinēre, abstinuī, abstentum	fernhalten
m. Abl.	sich *einer Sache* enthalten; sich von *etw.* fernhalten
abstrahere, abstrāxī, abstractum	wegschleppen; fortreißen; abbringen
absurdus, -a, -um	sinnlos; abwegig
abundantia, -ae *f.*	Überfluss; Fülle
abundāre	reichlich vorhanden sein; überströmen
m. Abl.	an *etw.* Überfluss haben
abūtī, abūtor, abūsus sum *m. Abl.*	*etw.* verbrauchen; *etw.* missbrauchen
ac	→ atque
accēdere, accessī, accessum	herantreten; hingehen; sich nähern
hūc accēdit quod	hinzu kommt, dass
accendere, accendī, accēnsum	anzünden; entflammen; anfeuern
accidere, áccidī, —	vorfallen; sich ereignen; geschehen [cadere]
áccidit, áccidit, — (ut *m. Konj.*)	es ereignet sich (dass); es widerfährt (*m. Dat.:* jdm.)
accipere, accipiō, accēpī, acceptum	annehmen; empfangen; bekommen; vernehmen [capere]
accommodāre (*kurzes* o)	anpassen
accūrātus, -a, -um	sorgfältig; genau [cūra]
accurrere, accurrī, accursum	herbeilaufen
accūsāre (dē *m. Abl.*)	anklagen (wegen *einer Sache*); beschuldigen [causa]
accūsātiō, accūsātiōnis *f.*	Anklage
accūsātor, accūsātōris *m.*	Ankläger
ācer, ācris, ācre	scharf; heftig; erbittert; energisch; schmerzlich
acerbus, -a, -um (*kurzes* a)	herb; bitter; grausam; rücksichtslos [ācer]
acervus, -ī *m.* (*kurzes* a)	Haufen
aciēs, aciēī *f.* (*kurzes* a)	Schärfe; Heer; Schlachtordnung; Schlacht [ācer]
acquiēscere, acquiēvī, acquiētum	sich beruhigen; seine Ruhe finden
ācriter *Adv.*	heftig
āctiō, āctiōnis *f.* (*langes* ā)	Tätigkeit; Gerichtsverhandlung; Plädoyer [agere]
acūtus, -a, -um	spitz; scharf; scharfsinnig

ad *m. Akk.*	zu; nach; bei; an
bei Zahlen	ungefähr
bei Städtenamen	in der Gegend von
mit nd-*Form im Akk.*	um *etw.* zu *tun*
adaequāre	gleichmachen
m. Akk. u. Abl.	*jdm.* in/an *etw.* gleichkommen (z. B. frātrem virtūte)
adc…	→ acc…
addere, áddidī, ádditum	hinzufügen; hinzutun [dare]
addūcere, addūxī, adductum	heranführen; verleiten; veranlassen; bewegen
timōre adductus	aus Furcht (adductus *bleibt unübersetzt*)
adeō *Adv.*	so sehr; derart; bis dahin
id adeō	eben dies
adequitāre	heranreiten
adesse, adsum, adfuī, —	da sein; anwesend sein; dabei sein (*Perf. auch* affuī)
m. Dat.	*jdm.* helfen; beistehen
adf…	→ aff…
adg…	→ agg…
adhibēre, adhibuī, adhibitum (*kurzes* i)	hinzuziehen; anwenden; hinwenden [habēre]
adhortārī, adhortor, adhortātus sum	ermahnen; ermuntern
adhūc *Adv.*	bisher; noch; noch immer
adicere, adiciō, adiēcī, adiectum	hinzufügen (adiciō *sprich* adjiciō) [iacere]
adigere, adēgī, adāctum (*kurzes* i)	hintreiben [agere]
adimere, adēmī, adēmptum	an sich nehmen; wegnehmen; rauben [emere]
adipīscī, adipīscor, adeptus sum	erlangen; erreichen, bekommen
adīre, ádeō, ádiī, áditum	herangehen; aufsuchen; sich an *jdn.* wenden; bitten; angreifen
aditus, aditūs *m.*	Zugang
adiungere, adiūnxī, adiūnctum	anfügen; anschließen
adiūtor, adiūtōris *m.*	Helfer
adiuvāre, adiūvī, adiūtum (*kurzes* u)	unterstützen; helfen
adl…	→ all…
administrāre (*kurzes* i)	verwalten; leiten; besorgen; durchführen
admīrābilis, -is, -e	bewundernswert; wunderlich
admīrārī, admīror, admīrātus sum	bewundern; staunen; sich wundern
admīrātiō, admīrātiōnis *f.*	Bewunderung; Verwunderung
admittere, admīsī, admissum	zulassen; *eine (meist negative) Handlung* begehen
admodum *Adv.*	ziemlich; durchaus; sehr
admonēre, admonuī, admónitum	ermahnen; erinnern; warnen
admovēre, admōvī, admōtum	heranbewegen; in die Nähe bringen
sē admovēre	sich nähern
adnotāre (*kurzes* o)	aufzeichnen; Anmerkungen machen
adnuere, adnuī, — (*kurzes* u)	zunicken; gewähren
adolēscere, adolēvī, adultum	heranwachsen
adōrāre	anbeten; verehren

adorīrī, adorior, adortus sum	angreifen; herangehen
adp...	→ app...
adqu...	→ acqu...
adr...	→ arr...
ads...	→ ass...
adsc...	→ asc...
adsp...	→ asp...
adūlātiō, adūlātiōnis *f.*	Schmeichelei; Kriecherei
adulēscēns, -ns, -ns, *Gen.* adulēscentis	jung
adulēscēns, adulēscentis *m.*	junger Mann; Jüngling
adulēscentia, -ae *f.* (*langes* ē)	Jugend
adulēscentulus, -a, -um (*langes* ē)	ganz jung; blutjung
adulēscentulus, -ī *m.*	Junge
advehere, advēxī, advectum	heranfahren; herantransportieren
advenīre, advēnī, adventum	ankommen; herbeikommen
adventus, adventūs *m.*	Ankunft
adversārius, -a, -um	gegnerisch [vertere]
adversārius, adversāriī *m.*	Gegner; Gegenpartei
adversus, -a, -um	zugewandt; feindlich; ungünstig [vertere]
rēs adversae *Pl. f.*	Unglück (*Sg.*)
adversus *m. Akk.*	gegen *jdn.*; *jdm.* gegenüber
advertere, advertī, adversum	hinwenden; auf *etw.* lenken
advocāre (*kurzes* o)	herbeirufen
advolāre	herbeifliegen; herbeieilen
aedēs, aedis *f.* (*gem. Dekl.*)	Tempel (*Nom. Sg. auch* aedis)
aedēs, aedium *Pl. f.*	Wohnhaus
aedificāre (*kurzes* i)	bauen
aedificium, aedificiī *n.* (*kurzes* i)	Gebäude; Bauwerk
aedīlis, aedīlis *m.* (*gem. Dekl.*)	Ädil
aeger, aegra, aegrum	krank; betrübt
aeger, aegrī *m.*	Kranker
aegrē *Adv.*	mit Mühe; kaum; ungern
aegritūdō, aegritūdinis *f.* (*kurzes* i)	Krankheit; Kummer; Gram
aegrōtāre	krank sein
aegrōtus, -a, -um	krank
aemulus, -a, -um	wetteifernd; eifersüchtig; neidisch
aemulus, -ī *m.*	Nebenbuhler; Rivale; Nachahmer
aequālis, -is, -e	gleich; gleichartig; gleichwertig
aequē *Adv.*	gleichermaßen; in gleicher Weise
aequē ac/atque	ebenso wie
aequitās, aequitātis *f.* (*kurzes* i)	Gleichheit; Angemessenheit; Gerechtigkeit
aequor, aequoris *n.*	Ebene; Meer
aequus, -a, -um	gleich; gerecht; günstig [→ Äquator]
aequō animō (*Abl. Sg.*)	gelassen; gleichgültig (*Adv.*)

āēr, āëris *m.*	untere Luftschicht (*Akk. Sg.* āëra)
aerārium, aerāriī *n.*	Staatskasse [aes]
aes, aeris *n.*	Bronze; Erz; Geld
aes aliēnum, aeris aliēnī (*Sg.*)	Schulden (*Pl.*)
aestās, aestātis *f.*	Sommer [≠ aetās]
aestimāre (*kurzes* i)	schätzen; einschätzen; beurteilen; meinen
magnī/parvī aestimāre	hoch/gering schätzen [māgn-?]
aestīvus, -a, -um	sommerlich
aestīva, aestīvōrum *Pl. n.*	Sommerlager (*Sg.*)
aestus, aestūs *m.*	Brandung; Flut; Hitze; Glut
aetās, aetātis *f.*	Zeitalter; Lebensalter; Lebensabschnitt [≠ aestās]
aeternitās, aeternitātis *f.*	Ewigkeit
aeternus, -a, -um	ewig
aethēr, aetheris *m.*	Äther; obere Luftschicht (*Akk. Sg.* aethera)
aevum, -ī *n.*	Zeitalter; Menschenalter; Ewigkeit
affectus, affectūs *m.*	Leidenschaft; Stimmung
afferre, áfferō, áttulī, allātum	herbeibringen; melden; zufügen; antun
afficere, afficiō, affēcī, affectum *m. Abl.*	mit *etw.* versehen; *mit etw.* ausstatten; *mit etw.* erfüllen
affīgere, affīxī, affīxum *m. Dat.*	an *etw.* anheften
affīnis, -is, -e	(*durch Heirat*) verwandt
affirmāre	behaupten; versichern; bestätigen; bejahen [fīr-?]
afflīgere, afflīxī, afflīctum	niederschlagen; erschüttern; beschädigen
affluere, afflūxī, — (ŭ *bzw.* ū)	zufließen [afflŭxī?]
age! / agite!	auf! los jetzt!
age/agite nunc!	wohlan denn!
ager, agrī *m.*	Feld; Ackerland; Land; Gebiet [→ Agri-kultur; Agrar-reform]
agere, ēgī, āctum	treiben; betreiben; handeln; verhandeln; tun; führen
id agere ut *m. Konj.*	darauf hinarbeiten, dass
agger, aggeris *m.*	Damm; Dammerde; Wall [ad-gerere]
ággredī, aggredior, aggressus sum	angreifen; herangehen
agitāre	eifrig betreiben; umhertreiben; erwägen [agere]
agmen, ágminis *n.*	Heereszug; Schar
agmen novissimum	Nachhut
agmen prīmum	Vortrab; Vorhut
agnōscere, agnōvī, agnitum	wiedererkennen; anerkennen [āgn-?]
agrestis, -is, -e	ländlich; bäurisch; wild (wachsend) [ager]
agricola, agricolae *m.* (!) (*kurzes* a/i/o)	Bauer [ager]
āiō, ais, **ait**, —, —, āiunt	sagen; behaupten [1./2. Pl. *ungebräuchlich*]
āla, -ae *f.*	Flügel; Heeresflügel; Reiterabteilung
álacer, álacris, álacre	eifrig; munter; kampfesmutig
alacritās, alacritātis *f.* (*kurzes* a)	Kampfesmut
albus, -a, -um	weiß
ālea, āleae *f.*	Würfel
alere, aluī, altum (*kurzes* a)	ernähren; großziehen

algēre, alsī, —	frieren
aliās *Adv.*	ein andermal; sonst
alibī/alibi *Adv.*	anderswo
aliēnus, -a, -um	fremd; fremdartig; einem anderem gehörend
aliēnus ā *m. Abl.*	mit *etw.* unvereinbar
aliēna, aliēnōrum *Pl. n.*	das Fremde (*was dem Menschen nicht wirklich gehört*)
aes aliēnum, aeris aliēnī *Sg. n.*	Schulden (*Pl.*)
aliōquī *Adv.*	im Übrigen; sonst; überhaupt
aliquandō *Adv.*	einst; irgendwann; einmal; jetzt endlich einmal
aliquantō *Adv.*	beträchtlich
aliquantō post	einige Zeit später
aliquantus, -a, -um	ziemlich groß; beträchtlich
aliquī, aliquae, aliquod, *Gen.* alicuius	irgendein (*adj.*) (*Nom. Sg. auch* aliqua)
aliquī, aliquae, aliqua *Pl.*	irgendwelche; manche; einige
aliquid, *Gen.* alicuius	irgendetwas (*subst.*)
aliquid novī (*Gen. part.*)	etwas Neues
aliquis, *Gen.* alicuius	irgendjemand (*subst.*)
aliquot *indekl.*	einige; etliche
aliter *Adv.*	anders; auf andere Weise; sonst; andernfalls
aliter ac / aliter atque	anders als
alius, alia, aliud, *Gen.* alterīus	ein anderer (*Dat.* alterī *oder* aliī)
alius ... alius	der eine ... der andere
alius atque	ein anderer als
alius aliud *dīxit*	jeder *sagte* etwas anderes
álloquī, álloquor, allocūtus sum	ansprechen
altē *Adv.*	hoch oben; nach oben
alter, altera, alterum, *Gen.* alterīus	der andere; der zweite
alter ... alter	der eine ... der andere
altitūdō, altitūdinis *f.*	Höhe; Tiefe
altum, -ī *n.*	Höhe; die hohe See
altus, -a, -um	hoch; tief
amāre (*erstes* a *kurz*)	lieben; mögen; gern haben
ohne *Akk.-Obj.*	verliebt sein
amātōrius, -a, -um (*erstes* a *kurz*)	Liebes-...
ambitiō, ambitiōnis *f.* (*kurzes* i)	Bewerbung; Ehrgeiz
ambitus, ambitūs *m.*	Amtserschleichung; Parteilichkeit
ambō, ambae, ambō	beide zusammen
ambulāre (*kurzes* u)	spazieren gehen; schlendern
āmēns, āmēns, āmēns, *Gen.* āmentis	wahnsinnig; sinnlos
āmentia, -ae *f.*	Wahnsinn
amīca, -ae *f.*	Freundin
amīcitia, -ae *f.* (*zweites* i *kurz*)	Freundschaft
amīcus, -a, -um	befreundet; freundschaftlich gesinnt; freundlich
amīcus, -ī *m.*	Freund

āmittere, āmīsī, āmissum	verlieren; aufgeben
amnis, amnis *m.* (*gem. Dekl.*)	Strom; Fluss
amoenus, -a, -um	lieblich; angenehm; anmutig
amor, amōris *m.* (*kurzes* a)	Liebe; Liebschaft
amphitheātrum, -ī *n.*	Amphitheater
amplectī, amplector, amplexus sum	umfassen; umarmen
amplitūdō, amplitūdinis *f.* (*kurzes* i)	Weite; Größe; Ansehen
amplus, -a, -um	weit; geräumig; bedeutend; wichtig
amplius quam	mehr als; weiter als
amputāre	abschneiden
an *im dir. FS*	oder; etwa
im indir. FS	ob; oder ob
anceps, anceps, anceps, *Gen.* ancípitis	zweideutig; zweischneidig; unentschieden
ancilla, -ae *f.*	Sklavin; Dienerin
áncora, -ae *f.*	Anker
angelus, -ī *m.*	Engel
anguis, anguis *m./f.* (*gem. Dekl.*)	Schlange; Drachen (an-guis *zweisilbig*)
angulus, -ī *m.*	Ecke; Winkel
angustiae, angustiārum *Pl. f.*	Enge (*Sg.*); Engpass (*Sg.*); Schwierigkeit (*Sg.*) [→ Angst]
angustus, -a, -um	eng; schmal; knapp
anima, -ae *f.*	Atem; Seele; Leben
animam efflāre	sein Leben aushauchen
animadvertere, -vertī, -versum	bemerken; bestrafen; gegen *jdn.* vorgehen/einschreiten
animal, animālis *n.*	Lebewesen; Tier
animus, -ī *m.*	Geist; Herz; Mut; Sinn; Gesinnung
aequus animus	Gleichmut; Gelassenheit
magnus animus	Erhabenheit; Mut [mägn-?]
in animō habēre	im Sinn haben; vorhaben; beabsichtigen
animō dēficere	den Mut sinken lassen
animī hominum	die Menschen (animī *bleibt unübersetzt*)
annālēs, annālium *Pl. m.*	Jahrbücher (*Pl.*); Geschichtswerk (*Sg.*)
annōna, -ae *f.*	Jahresertrag; Marktpreis; Getreideversorgung
annus, -ī *m.*	Jahr; Jahreszeit [≠ anus »alte Frau«]
annuus, -a, -um	ein Jahr lang; jährlich
ānser, ānseris *m.*	Gans
ante *m. Akk.*	vor [→ a. Chr. n. = ante Chrīstum nātum]
ante/anteā *Adv.*	vorher
paulō ante	kurz zuvor
paucīs ante annīs	wenige Jahre zuvor [≠ ante paucōs annōs]
antecēdere, antecessī, antecessum	vorausgehen; überholen
m. Akk.	*jdn.* übertreffen
antecellere, —, —	hervorragen
m. Dat. (*selten m. Akk.*)	sich vor *jdm.* auszeichnen
anteīre, antéeō, antéiī, — *m. Akk.*	*jdn.* übertreffen; sich vor *jdm.* auszeichnen

antepōnere, anteposuī, antepositum	vorziehen
antequam / ante ... quam	bevor; früher ... als; eher ... als
antīquitās, antīquitātis *f.*	Altertum; gute alte Sitte
antīquus, -a, -um	alt; altertümlich; altehrwürdig [→ Antike; Antiquität]
anus, anūs *f.* (!) (*kurzes* a)	alte Frau [≠ annus »Jahr«; ≠ ānus »hinterwärtige Körperöffnung«]
ānulus, -ī *m.*	Ring; Siegelring
ānxius, -a, -um	ängstlich [ănx-?]
aperīre, aperuī, apertum	öffnen; aufdecken; offen darlegen
apertus, -a, -um	offen; ungeschützt [aperīre]
apertum est *m. aci*	es ist offenkundig, dass
apostolus, -ī *m.*	Apostel
apparātus, apparātūs *m.* (*zweites* a *kurz*)	Ausrüstung; Gerät; Zurüstung; Prunk
appārēre, appāruī, (appāritūrus)	erscheinen; sich zeigen; auftauchen; offenkundig sein
appellāre	nennen; ansprechen; anrufen [→ Appell]
appellere, áppulī, appulsum	herantreiben; hinsteuern; landen
appetere, appetīvī, appetītum	erstreben; angreifen; begehren; haben wollen [→ Appetit]
appōnere, apposuī, appositum	vorsetzen; hinzutun
apportāre	herbeitragen; (über-)bringen; mitbringen
approbāre (*kurzes* o)	billigen; gutheißen
appropinquāre (*kurzes* o)	sich nähern [prope]
aptē *Adv.*	auf geeignete Weise; auf passende Weise
aptus, -a, -um *m. Dat.*	zu *etw.* passend; für *etw.* geeignet
apud *m. Akk.*	bei; nahe bei
aqua, -ae *f.*	Wasser
aquārī, aquor, aquātus sum	Wasser holen
áquila, -ae *f.*	Adler
aquílifer, aquíliferī *m.*	Adlerträger
āra, -ae *f.*	Altar
arāre (*erstes* a *kurz*)	pflügen; ackern
arātor, arātōris *m.* (*erstes* a *kurz*)	Pächter
arātrum, -ī *n.* (*erstes* a *kurz*)	Pflug
arbiter, arbitrī *m.*	Schiedsrichter; Richter
arbitrārī, arbitror, arbitrātus sum	meinen; glauben
arbitrātus *m. aci*	in der Meinung, dass (*prädikativ*)
arbitrātus, arbitrātūs *m.*	Gutdünken; Willen; Belieben
suō arbitrātū	nach seinem/ihrem Gutdünken
arbitrium, arbitriī *n.* (*kurzes* i)	Urteil; freie Entscheidung; Ermessen; Willkür
arbor, árboris *f.* (!)	Baum (*weiblich, weil Nymphen in ihm wohnen*)
arcēre, arcuī, —	abwehren; fernhalten
arcessere, arcessīvī, arcessītum	herbeirufen; herbeiholen
architectūra, -ae *f.*	Architektur
arcus, arcūs *m.*	Bogen
ārdēre, ārsī, ārsum (*langes* ā)	brennen; glühen
arduus, -a, -um	steil; schwierig

arēna/harēna, -ae *f*.	Sand; Kampfbahn; Sandplatz; Arena
argénteus, -a, -um	silbern
argentum, -ī *n*.	Silber; Silbergeld
arguere, arguī, (argutūrus)	beschuldigen; darlegen
argūmentum, -ī *n*. (*langes* ū)	Beweis; Inhalt
āridus, -a, -um	trocken; dürr; lechzend
aries, aríetis *m*. (*kurzes* a)	Widder; Sturmbock [*in der Dichtung auch* ariēs]
arma, armōrum *Pl. n*.	Waffen (*Pl.*); Gerät (*Sg.*)
arma cōnferre	kämpfen
in armīs esse	unter Waffen stehen; bewaffnet sein
armāre	bewaffnen; ausrüsten
armātus, -a, -um	bewaffnet
armenta, armentōrum *Pl. n*.	Großvieh (*Sg.*); Viehherde (*Sg.*)
arripere, arripiō, arripuī, arreptum	an sich reißen; ergreifen; packen [rapere]
arrogantia, -ae *f*. (*kurzes* o)	Anmaßung; Hochmut
ars, artis *f*. (*gem. Dekl.*)	Kunst; Geschicklichkeit; Handwerk; Wissenschaft; Eigenschaft
artifex, artíficis *m*.	Künstler; Schöpfer; Handwerker
artificium, artificiī *n*. (*kurzes* i)	Handwerk; Kunstwerk [→ artifiziell]
arx, arcis *f*.	Burg; Berggipfel [arcēre]
ascendere, ascendī, ascēnsum	besteigen; hinaufsteigen
ascēnsus, ascēnsūs *m*.	Aufstieg
ascīscere, ascīvī, ascītum	herbeiholen; annehmen; gutheißen
ascrībere, ascrīpsī, ascrīptum	dazuschreiben, (*in eine Liste*) eintragen [< adscrībere]
asellus, -ī *m*. (*kurzes* a)	Eselchen
asinus, -ī *m*. (*kurzes* a)	Esel
aspectus, aspectūs *m*.	Blick; Anblick; Aussehen
asper, aspera, asperum	rau; hart; streng; mühsam; schwierig; unfreundlich
aspernārī, aspernor, aspernātus sum	verschmähen; ablehnen; sich von *etw*. distanzieren
aspicere, aspiciō, aspexī, aspectum	erblicken [aspēxī?]
assentīrī, assentior, assēnsus sum	zustimmen
ássequī, ássequor, assecūtus sum	erreichen; einholen; erlangen
assiduus, -a, -um (*kurzes* i)	beharrlich; unablässig (*konservativ oft* adsiduus)
assuēfacere, -faciō, -fēcī, -factum	(*jdn.*) an *etw*. gewöhnen (as-suē-fa-ce-re *fünfsilbig*)
assuēfierī, assuēfīō, -factus sum	sich an *etw*. gewöhnen (as-suē-fi-e-rī *fünfsilbig*)
assuēscere, assuēvī, assuētum	sich an *etw*. gewöhnen (as-suē-sce-re *viersilbig*)
assūmere, assūmpsī, assūmptum	nehmen; hinzuziehen; in Anspruch nehmen
astrum, astrī *n*.	Stern; Sternbild
at	jedoch; aber; hingegen; andererseits (*scharfer Gegensatz*)
āter, ātra, ātrum	schwarz; grauenvoll
atque/ac	und; und dazu
im Vergleich	wie; als
atquī/atquīn	und doch; nun aber
ātrium, ātriī *n*.	Atrium; (Empfangs-)Halle

atrōx, atrōx, atrōx, *Gen.* atrōcis	grässlich; schrecklich; wild [āter, oculus]
attendere, attendī, attentum	achtgeben; aufpassen; merken
attentus, -a, -um	aufmerksam; wachsam
attingere, áttigī, attāctum	berühren; angrenzen; erwähnen; sich mit *etw.* befassen
attribuere, attríbuī, attribūtum	zuteilen; zuweisen
auctor, auctōris *m.*	Urheber; Verfasser; Veranlasser; Garant; Stammvater
Caesare auctōre (*nom. Abl. abs.*)	auf *Caesars* Veranlassung
auctōritās, auctōritātis *f.*	Ansehen; Einfluss; Macht; Ermächtigung
auctōritāte ūtī	Ansehen genießen
audācia, -ae *f.*	Kühnheit; Frechheit; Dreistigkeit; Mut
audāx, audāx, audāx, *Gen.* audācis	kühn; frech; beherzt
audēre, audeō, ausus sum	wagen (*Semideponens*) [≠ augēre »vergrößern«]
audīre	hören; zuhören [→ Audi: Automobil von August Horch]
auferre, áuferō, ábstulī, ablātum	wegtragen; wegschaffen; beseitigen; rauben [→ Ablativ]
aufugere, aufugiō, aufūgī, —	entfliehen
augēre, auxī, auctum	vergrößern; vermehren [→ Auktion; ≠ audēre »wagen«]
augērī (*Pass.*)	wachsen
augur, áuguris *m.* (*kurzes* u)	Vogelschauer; Weissager
augurium, augurii *n.* (*kurzes* u)	Vogelschau [avis]
aula, -ae *f.*	Hof; Innenhof
aura, -ae *f.*	Luft; Luftzug
aureus, -a, -um	golden
auris, auris *f.* (*gem. Dekl.*)	Ohr
aurum, -ī *n.*	Gold
auspicium, auspiciī *n.* (*kurzes* i)	Vogelschau; Vorzeichen; Auspizium [avis]
aut	oder; oder aber
aut ... aut	entweder ... oder
autem (*nachgestellt*)	aber; jedoch
autumnus, -ī *m.*	Herbst
auxiliārī, auxilior, auxiliātus sum	helfen
auxilium, auxiliī *n.* (*kurzes* i)	Hilfe
auxilia, auxiliōrum Pl. *n.*	Hilfstruppen
auxiliō (*Dat. fin.*) esse	helfen; Unterstützung leisten
auxiliō (*Dat. fin.*) mittere	zu Hilfe schicken
auxilium petere ā *m. Abl.*	*jdn.* um Hilfe bitten; bei *jdm.* Hilfe suchen
avāritia, -ae *f.* (*erstes* a *kurz, kurzes* i)	Habgier; Geiz
avārus, -a, -um (*erstes* a *kurz*)	habsüchtig; gierig
āvertere, āvertī, āversum	abwenden; weglenken; vertreiben
avia, -ae *f.* (*kurzes* a)	Großmutter
avidus, -a, -um (*m. Gen.*) (*kurzes* a)	gierig (nach *etw.*)
avis, avis *f.* (*gem. Dekl.*) (*kurzes* a)	Vogel; Wahrzeichen; Vorbedeutung
āvolāre (*kurzes* o)	wegfliegen; davonfliegen
avunculus, -ī *m.* (*kurzes* a)	Onkel (*mütterlicherseits*)
avus, -ī *m.* (*kurzes* a)	Großvater; Vorfahr

B

balineum/balneum, bal(i)neī *n.*	Bad; Badezimmer
balneae, balneārum *Pl. f.*	Hallenbad (*Sg.*)
barba, -ae *f.*	Bart
bárbarus, -a, -um	ausländisch; unzivilisiert; wild
bárbarus, -ī *m.*	Barbar; Ausländer; Fremder
beātitūdō, beātitūdinis *f.* (*kurzes* i)	Glückseligkeit
beātus, -a, -um	glücklich; reich
vīta beāta	Glück; Eudämonie (*philos. Fachbegriff*)
bellāre	Krieg führen
bellicōsus, -a, -um	kriegerisch; streitbar [bellum]
bellicus, -a, -um	Kriegs-...; kriegerisch [bellum]
bellum, -ī *n.*	Krieg
bellum īnferre	den Krieg beginnen
bellum hostibus īnferre	die Feinde (in ihrem Land) angreifen
bēlua, bēluae *f.*	wildes Tier; Ungeheuer
bene *Adv.* (*kurzes* e)	gut
bene accidit ut *m. Konj.*	es trifft sich gut, dass
benedīcere, benedīxī, benedictum	Segen spenden; segnen; preisen
beneficium, beneficiī *n.* (*kurzes* i)	Wohltat; Gefälligkeit
benevolentia, -ae *f.* (*kurzes* o)	Wohlwollen
benīgnus, -a, -um (*kurzes* e)	freundlich; wohlwollend; gütig [benĭ-?]
bēstia, -ae *f.* (*langes* ē)	Tier; Raubtier; Bestie
bibere, bibī, — (*kurzes* i)	trinken; in sich aufnehmen
bīduum, bīduī *n.*	Zeitraum von zwei Tagen; zwei Tage
biennium, bienniī *n.* (*kurzes* i)	Zeitraum von zwei Jahren; zwei Jahre [annus]
bis *Adv.*	zweimal
blandīrī, blandior, blandītus sum	schmeicheln
blanditia, -ae *f.* (*kurzes* i)	Schmeichelei; Kompliment; Annehmlichkeit
blandus, -a, -um	freundlich; schmeichelhaft; angenehm
bonus, -a, -um (*kurzes* o)	gut (*Komp.* melior, *Sup.* optimus)
bonum, bonī *n.*	das Gute; ein Gut (*philos. Fachbegriff*)
bonī, bonōrum *Pl. m.*	Patrioten (*meistens* = Aristokraten; Konservative)
bona, bonōrum *Pl. n.*	Hab und Gut; Besitz (*Sg.*)
bōs, bovis *m./f.*	Ochse/Kuh; Rind (*Pl.* bovēs, boum, bōbus)
brachium/bracchium, bra(c)chiī *n.*	Arm [→ brachial]
brevī (*sc.* tempore)	in kurzer Zeit; nach kurzer Zeit; in Kürze
brevis, -is, -e (*kurzes* e)	kurz
brevitās, brevitātis *f.* (*kurzes* e)	Kürze

C

cadāver, cadāveris *n.* (*erstes* a *kurz*)	Leichnam
cadere, cécidī, (cāsūrus) (*kurzes* a)	fallen

caecus, -a, -um	blind; planlos; verborgen
caedere, cecīdī, caesum	fällen; niederhauen; töten
caedēs, caedis *f.* (*gem. Dekl.*)	Mord; Blutbad; Gemetzel [caedere]
caelestis, -is, -e	himmlisch; göttlich [caelum]
caelestēs, caelestium *Pl. m.*	Götter
caelum, -ī *n.*	Himmel; Luft; Klima [*im Mittelalter* coelum *geschrieben*]
calamitās, calamitātis *f.* (*zweites a kurz*)	Schaden; Unglück; Unheil
calidus, -a, -um (*mit einem* l)	heiß; warm [calor]
callidus, -a, -um (*mit zwei* l)	schlau; geschickt; gewandt
calor, calōris *m.* (*kurzes* a)	Wärme; Hitze; Glut
campus, -ī *m.*	Feld; Ebene; freier Platz [→ Camping]
candidātus, -ī *m.* (*kurzes* i)	Kandidat; Wahlwerber
candidus, -a, -um	weiß; hell; strahlend
canere, cecinī, — (*kurzes* a)	singen; besingen; ertönen lassen; erklingen
canis, canis *m.* (*kurzes* a)	Hund
cantāre	singen [*Intensivum zu* canere]
cantus, cantūs *m.*	Gesang
cānus, -a, -um	grau; alt
capere, capiō, cēpī, captum	fassen; nehmen; fangen; ergreifen; erobern
capessere, capessīvī, capessītum	in die Hand nehmen [capere]
capillus, -ī *m.*	Haar; Haupthaar
captāre	nach *etw.* greifen; nach *etw.* trachten [*Intensivum zu* capere]
captīvus, -ī *m.*	Kriegsgefangener [capere]
caput, cápitis *n.*	Haupt; Kopf; Existenz; Hauptstadt
capitis damnāre	zum Tode verurteilen
carcer, cárceris *m.*	Gefängnis; Käfig
carēre, caruī, (caritūrus) *m. Abl. sep.* (*kurzes* a)	*etw.* nicht haben; *etw.* entbehren; von *etw.* frei sein; *einer Sache* fernbleiben; auf *etw.* verzichten müssen
carmen, cárminis *n.*	Gedicht; Lied; Spruch; Gebet
carō, carnis *f.* (*kurzes* a)	Fleisch [→ Karne-val]
carpere, carpsī, carptum	pflücken; abreißen
carrum, -ī *n.*	Karren; Lastwagen
carrus, -ī *m.*	Karren; Lastwagen
cārus, -a, -um	lieb; teuer; wertvoll
casa, -ae *f.* (*kurzes* a)	Hütte
castellum, -ī *n.*	Schanze; Kastell; Stützpunkt
castīgāre (*langes* ī)	züchtigen; zügeln
castra, castrōrum *Pl. n.*	Lager (*Sg.*); Feldlager (*Sg.*)
castra movēre	aufbrechen
castra pōnere	ein Lager aufschlagen
castus, -a, -um	enthaltsam; keusch [carēre]
cāsū *Adv.*	zufälligerweise [*erstarrter Ablativ*]
cāsus, cāsūs *m.*	Fall; Zufall; Ereignis; Situation [cadere]
catēna, -ae *f.* (*kurzes* a)	Kette; Fessel

causa, -ae *f.*	Grund; Ursache; Rechtssache; Fall; Prozess
causam dīcere	sich vor Gericht verantworten; sich verteidigen
quā dē causā	warum
im rel. Anschluss	und darum
causā *m. vorangestelltem Gen.*	wegen *einer Sache;* um *einer Sache* willen
nach nd-*Form im Gen.*	um *etw.* zu *tun*
cautus, -a, -um	vorsichtig
cavēre, cāvī, cautum *m. Akk.*	sich vor *etw.* hüten; gegen *etw.* Vorsorge treffen
cavēre nē *m. Konj.*	sich davor hüten, *etw.* zu *tun* (*ohne dt. Negation!*)
cavus, -a, -um (*kurzes* a)	hohl; gewölbt
cēdere, cessī, cessum	gehen; weichen; nachgeben; schwinden
cēlāre	verbergen; verheimlichen
celeber, celebris, celebre (*kurzes* e)	gefeiert; viel besucht
celebrāre (*kurzes* e)	feiern; verherrlichen; zahlreich besuchen [celeber]
celer, celeris, celere (*kurzes* e)	schnell
celeritās, celeritātis *f.* (*kurzes* e)	Schnelligkeit; Tempo
celeriter *Adv.* (*kurzes* e)	schnell
cella, -ae *f.*	Kammer; Keller; Tempelraum
cēna, -ae *f.*	Essen; Mahlzeit
cēnāre	speisen; essen; verzehren
cēnsēre, cēnsuī, cēnsum *m. aci*	einschätzen; meinen; beschließen
cēnsēre ut *m. Konj.*	dafür stimmen, dass; beantragen, dass
cēnsor, cēnsōris *m.* (*langes* ē)	Zensor
cēnsus, cēnsūs *m.* (*langes* ō)	Schätzung; Vermögen
centum *indekl.*	hundert [→ Zenti-meter; Pro-zent]
centuriō, centuriōnis *m.* (*kurzes* u)	Zenturio; Hauptmann
cēra, -ae *f.*	Wachs; Schreibtafel
cernere, crēvī, crētum	wahrnehmen; erkennen; entscheiden
certāmen, certāminis *n.* (*m. Gen.*)	Kampf; Auseinandersetzung; Wettstreit (um *etw.*)
certāre	streiten; (wett-)kämpfen; wetteifern [cernere]
certē *Adv.*	sicherlich; gewiss; bestimmt
certiōrem facere	benachrichtigen; informieren [certus]
certō *Adv.*	sicherlich; gewiss
certus, -a, -um	sicher; entschieden; bestimmt; zuverlässig
cervīsia, -ae *f.*	Bier
cervīx, cervīcis *f.*	Nacken; Hals
cessāre	zögern; nachlassen; untätig sein; rasten
cēterī, -ae, -a	die anderen; die übrigen (*adj.*); die Übrigen (*subst.*)
cētera *Pl. n.*	das Übrige (*Sg.*)
cēterum *Adv.*	übrigens; im Übrigen; nun aber
cibus, -ī *m.* (*kurzes* i)	Nahrung; Futter; Speise; Essen
cingere, cīnxī, cīnctum	gürten; umgeben; umzingeln [cĭnxī, cĭnctum?]
cinis, cíneris *m.* (*kurzes* i)	Asche
circā *m. Akk.*	um *etw.* herum; rings um *etw.*

circiter *Adv.*	ungefähr
circuitus, circuitūs *m.* (*kurzes* u)	Umweg; Umkreis; Umfang
circum *m. Akk.*	um *etw.* herum; rings um *etw.*; in der Umgebung von
circumagere, circumēgī, -āctum	herumführen
circúmdare, circúmdedī, -datum	umgeben; umzingeln; um *etw.* herumlegen
circumīre, circúmeō, circúmiī, -itum	herumgehen; umgehen
circumsistere, circúmstetī, —	umringen
circumspicere, -spiciō, -spexī, -spectum	sich (nach *etw.*) umschauen; betrachten; mustern [-spēxī?]
circumstāre, circúmstetī, —	herumstehen; umherstehen; umgeben [stāre]
circumvenīre, -vēnī, -ventum	umringen; umzingeln; einkreisen; hintergehen
circus, -ī *m.*	Zirkus; Pferderennbahn
citerior, citerior, citerius, *Gen.* citeriōris	der diesseitige (*diesseits eines Flusses oder Gebirges*)
citō/cito *Adv.* (*kurzes* i)	schnell
citrā *m. Akk.* (*kurzes* i)	diesseits von *etw.*
citus, -a, -um (*kurzes* i)	schnell; geschwind
cīvīlis, -is, -e	bürgerlich; öffentlich; Bürger-…; Zivil-…
cīvis, cīvis *m.* (*gem. Dekl.*)	Bürger [→ zivil]
cīvitās, cīvitātis *f.*	Bürgerschaft; Gemeinde; Staat; Bürgerrecht
clādēs, clādis *f.* (*gem. Dekl.*)	Niederlage; Schaden; Verlust; Katastrophe
clam *Adv.*	heimlich
clāmāre	schreien; rufen
clāmor, clāmōris *m.*	Geschrei; Lärm
clāmōrem tollere	ein Geschrei erheben
clārus, -a, -um	hell; strahlend; berühmt [→ klar]
classis, classis *f.* (*gem. Dekl.*)	Flotte; Abteilung
claudere, clausī, clausum	schließen; abschließen; einschließen
clēmēns, -ns, -ns, *Gen.* clēmentis	mild
clēmentia, -ae *f.*	Milde; Sanftmut; Nachsicht
cliēns, clientis *m.* (*gem. Dekl.*)	Klient; Gefolgsmann; Schützling; Höriger
clientēla, -ae *f.*	Klientel; Schutzverwandtschaft
coarguere, coarguī, coargūtum	offen darlegen; beweisen; widerlegen
coëmere, coēmī, coēmptum	zusammenkaufen; aufkaufen
coepisse (*nur Perfektformen*)	angefangen haben [*gebräuchliches Perf. zu* incipere]
coepit	er fing an
coeptum est	es wurde angefangen; man fing an
coërcēre, coercuī, coercitum	zusammenhalten; zügeln; bestrafen [arcēre]
cōgere, coēgī, coāctum	zusammentreiben; versammeln; zwingen [< *co-agere]
cōgitāre (*kurzes* i)	denken; nachdenken; überlegen; beabsichtigen [cōgere]
cōgitātiō, cōgitātiōnis *f.* (*kurzes* i)	Nachdenken; Gedanke; Absicht
cognātiō, cognātiōnis *f.*	(Bluts-)Verwandtschaft [cōgn-?]
cognātus, -a, -um	blutsverwandt [cōgn-?]
cognātus, -i *m.*	Verwandter
cognitiō, cognitiōnis *f.* (*kurzes* i)	Kenntnis; Bekanntschaft; Vorstellung; Kennenlernen; gerichtliche Untersuchung [cōgn-?]

cognōmen, cognōminis *n.*	Beiname [cōgn-?]
cognōscere, cognōvī, cógnitum	kennenlernen; erkennen; in Erfahrung bringen [cōgn-?]
cohibēre, cohibuī, cohibitum (*kurzes* o)	zusammenhalten; zurückhalten
cohors, cohortis *f.* (*gem. Dekl.*) (*kurzes* o)	Kohorte (*ca. 600 Mann*); Gefolge
cohortārī, cohortor, cohortātus sum	ermahnen; ermutigen; aufmuntern; motivieren
coīre, cóeō, cóiī, cóitum (*kurzes* o)	zusammengehen; zusammenkommen
colere, coluī, cultum	bebauen; pflegen; verehren; schmücken [→ Kult]
collēga, collēgae *m.* (!)	Kollege; Amtsgenosse
colligere, collēgī, collēctum (*kurzes* i)	sammeln; aufsammeln [legere]
collis, collis *m.* (*gem. Dekl.*)	Hügel; Anhöhe [≠ collum »Hals«]
collocāre	aufstellen; unterbringen; (hin-)legen; einrichten
cólloquī, cólloquor, collocūtus sum	sich unterreden; verhandeln; besprechen
colloquium, colloquiī *n.*	Unterredung; Gespräch
collum, -ī *n.*	Hals [≠ collis »Hügel; Anhöhe«]
colōnia, -ae *f.* (*erstes* o *kurz*)	Siedlung; Niederlassung; Kolonie
colōnus, -ī *m.* (*erstes* o *kurz*)	Siedler; Landwirt; Pächter
color, colōris *m.* (*kurzes* o)	Farbe; Färbung; Hautfarbe
columba, -ae *f.* (*kurzes* o)	Taube
columna, -ae *f.* (*kurzes* o)	Säule
comes, cómitis *m.* (*kurzes* o, *kurzes* e)	Begleiter; Gefährte
cōmis, -is, -e	heiter; freundlich; charmant
comitārī, comitor, comitātus sum	begleiten
cōmitās, cōmitātis *f.*	Freundlichkeit; Umgänglichkeit; Leutseligkeit
comitia, comitiōrum *Pl. n.* (*kurzes* o/i)	die Komitien (*Volks- bzw. Wahlversammlung*)
commeāre	ein und aus gehen; hin und her gehen; verkehren
commeātus, commeātūs *m.*	Nachschub; Versorgungsgüter (*Pl.*); Urlaub
commemorāre (*kurzes* e, *kurzes* o)	sich erinnern; in Erinnerung bringen; *etw.* erwähnen
commendāre	anvertrauen; empfehlen [mandāre]
commercium, commerciī *n.*	Handel [→ Kommerz]
commīlitō, commīlitōnis *m.*	(Kriegs-)Kamerad
committere, commīsī, commissum	veranstalten; überlassen; anvertrauen
proelium committere	den Kampf beginnen
scelus committere	ein Verbrechen begehen
cómmodum, -ī *n.*	Vorteil; Interesse; Privileg; Bequemlichkeit
cómmoda, commodōrum *Pl. n.*	das Angenehme (*Sg.*)
cómmodē *Adv.*	angemessen; angenehm; günstig; befriedigend
cómmodus, -a, -um	passend; angemessen; angenehm; günstig
commovēre, commōvī, commōtum	innerlich bewegen; erregen; beeindrucken; veranlassen
īrā commōtus	aus Zorn (commōtus *bleibt unübersetzt*)
commūnicāre (*kurzes* i)	gemeinsam beraten; mitteilen; vereinigen
commūnicāre cum *m. Abl. u. Akk.*	*jdm. etw.* mitteilen; *jdm.* an *etw.* Anteil geben
commūnis, -is, -e	gemeinsam; allgemein; üblich [→ Kommunismus]
commūtāre	verändern; austauschen [→ Kommutations-gesetz]
commūtātiō, commūtātiōnis *f.*	Veränderung; Wechsel

comparāre (*erstes* a *kurz*)	beschaffen; zusammenstellen; erwerben; vergleichen
compellere, cómpulī, compulsum	zusammentreiben; hintreiben; bewegen
comperīre, cómperī, compertum	genau erfahren
compertum habēre	erfahren haben [*eigentl. prädikativ:* »als Erfahrenes haben«]
complectī, complector, -plexus sum	umfassen; umarmen; gern ergreifen [→ Komplex]
complēre, complēvī, complētum	anfüllen; erfüllen
complexus, complexūs *m.*	Umarmung
complūrēs, complūrium Pl. *m.*	mehrere; einige; ziemlich viele
complūra, complūrium Pl. *n.*	einiges (*Sg.*); ziemlich viel (*Sg.*)
compōnere, composuī, compositum	zusammenstellen; ordnen; abfassen; vergleichen; bilden; sich ausdenken
comportāre	zusammentragen
compos, compos, compos *m.* Gen. Gen. cómpotis	*einer Sache* teilhaftig; *einer Sache* mächtig; zu *etw.* fähig (*eines der wenigen Adjektive der kons. Dekl.*)
comprehendere, -hendī, -hēnsum	ergreifen; begreifen; festnehmen
comprimere, compressī, compressum	zusammendrücken; unterdrücken [premere]
comprobāre (*kurzes* o)	für gut befinden; bestätigen; zustimmen; erhärten
computāre (*kurzes* u)	rechnen; zusammenrechnen [→ Computer]
cōnārī, cōnor, cōnātus sum	versuchen
cōnātus, cōnātūs *m.*	Versuch; Bemühung; Wagnis
concēdere, concessī, concessum	einräumen; nachgeben; erlauben; überlassen; zugestehen
concidere, cóncidī, — (*kurzes* i)	zusammenbrechen; übereinanderfallen [cadere]
conciliāre (*kurzes* i)	gewinnen; erwerben; sich geneigt machen; vermitteln
concilium, conciliī *n.* (*kurzes* i)	Versammlung [≠ cōnsilium »Rat; Plan; Absicht; Beschluss«]
concipere, concipiō, concēpī, -ceptum	aufnehmen; auffassen; empfangen; verstehen; abfassen
concitāre (*kurzes* i)	bewegen; beeinflussen; erregen; *jdn.* aufbringen
conclūdere, conclūsī, conclūsum	schließen; folgern; beweisen [claudere]
concordia, -ae *f.*	Eintracht; Einigkeit; Harmonie
concors, -cors, -cors, Gen. concordis	einträchtig [cor]
concupīscere, concupīvī, concupītum	heiß begehren; sehnlich verlangen [cupere]
concurrere, concurrī, concursum	zusammenlaufen; zusammenstoßen
concursus, concursūs *m.*	Auflauf; Zusammenstoß; Angriff
concutere, concutiō, -cussī, -cussum	schütteln; erschüttern; zusammenschlagen
condemnāre	verurteilen; missbilligen [damnum]
condere, cóndidī, cónditum	gründen; verwahren; bergen; verstecken
condiciō, condiciōnis *f.* (*kurzes* i)	Bedingung; Umstand; Lage; Vereinbarung [diciō]
eā condiciōne ut *m.* Konj.	unter der Bedingung, dass
condōnāre	beschenken; zugutehalten [dōnum]
condūcere, condūxī, conductum	zusammenziehen; anwerben; mieten
cōnectere, cōnexuī, cōnexum	verbinden; verknüpfen [→ *engl.* connection]
cōnfectus, -a, -um	erschöpft [cōnficere]
cōnferre, cōnferō, cóntulī, collātum	zusammentragen; zusammendrängen; vergleichen
sē cōnferre	sich begeben
arma cōnferre	kämpfen

cōnfertus, -a, -um	zusammengedrängt; in geschlossenen Gliedern
cōnfessiō, cōnfessiōnis f.	Bekenntnis
cōnficere, cōnficiō, cōnfēcī, cōnfectum	zustande bringen; herstellen; beenden; erschöpfen
cōnfīdere, cōnfīdō, cōnfīsus sum	vertrauen (*Semideponens*)
cōnfīsus *m. Dat. oder Abl.*	im Vertrauen auf *jdn./etw.* (*prädikativ*)
cōnfirmāre	stärken; bekräftigen; versichern; ermutigen [firmus]
cōnfitērī, cōnfiteor, cōnfessus sum	gestehen; eingestehen; bekennen [fatērī; → Konfession]
cōnflāre	zusammenblasen; anfachen; zusammentrommeln
cōnflīgere, cōnflīxī, cōnflīctum	zusammengeraten; kämpfen [→ Konflikt]
cōnfugere, cōnfugiō, cōnfūgī, —	flüchten; fliehen
cōnfūsus, -a, -um	wirr; verworren
congerere, congessī, congestum	zusammentragen
cóngredī, congredior, -gressus sum	zusammenkommen; zusammentreffen; kämpfen
congregāre (*kurzes* e)	zusammenhäufen; versammeln [grex]
congressus, congressūs *m.*	Zusammenkunft
congruere, congruī, — (*kurzes* u)	zusammenfallen; übereinstimmen
conicere, coniciō, coniēcī, -iectum	zusammenwerfen; folgern; vermuten (coniciō *sprich* conjiciō) [iacere]
in vincula conicere	in Ketten legen; ins Gefängnis werfen
coniungere, coniūnxī, coniūnctum	verbinden; vereinigen
coniūnx	→ coniux
coniūrāre	sich verschwören
coniūrātiō, coniūrātiōnis f.	Verschwörung
coniūrātus, ī *m.*	Verschwörer; Verschworener
coniux, cóniugis f. (*selten m.*)	Gattin/Gatte [*auch* coniūnx *geschrieben*]
conl…	→ coll…
conp…	→ comp…
conquīrere, conquīsīvī, conquīsītum	zusammensuchen; aufspüren [quaerere]
conr…	→ corr…
cōnsanguíneus, -a, -um	blutsverwandt
cōnscendere, cōnscendī, cōnscēnsum	besteigen; hinaufsteigen; in *etw.* einsteigen
cōnscientia, -ae f.	Bewusstsein; (gutes) Gewissen [scīre]
cōnscius, -a, -um	mitwissend; bewusst; eingeweiht
m. Gen.	sich *einer Sache* bewusst; im Bewusstsein *einer Sache*
cōnscius, cōnsciī *m.*	Mitwisser
cōnscrībere, cōnscrīpsī, cōnscrīptum	aufschreiben; zusammenschreiben; einschreiben
mīlitēs cōnscrībere	Soldaten ausheben
patrēs cōnscrīptī	meine Herren Senatoren (*offizielle Anrede im Senat*)
cōnsecrāre	weihen; zur Gottheit erheben [sacer]
cōnsēnsiō, cōnsēnsiōnis f.	Übereinstimmung
cōnsēnsus, cōnsēnsūs *m.*	Übereinstimmung [→ Konsens]
cōnsentīre, cōnsēnsī, cōnsēnsum	übereinstimmen; zustimmen
cōnsentīre ad *m. Akk.*	sich zu *etw.* verschwören
cōnsequī, cōnsequor, cōnsecūtus sum	nachfolgen; einholen; erreichen [→ Konsequenz]

cōnserere, cōnseruī, cōnsertum	zusammenfügen; verbinden
cōnservāre	bewahren; erhalten [→ konservativ]
m. Abl.	vor *etw.* retten
cōnsīderāre	betrachten; nachdenken; erwägen
cōnsīderātus, -a, -um	bedacht; besonnen
cōnsīdere, cōnsēdī, cōnsessum	sich setzen; Platz nehmen; sich niederlassen
cōnsilium, cōnsiliī *n. (kurzes* i)	Rat; Plan; Beratung; Beschluss; Einsicht
eō cōnsiliō ut *m. Konj.*	in/mit der Absicht, *etw.* zu *tun*
cōnsilium capere/inīre	einen Plan/Beschluss fassen
cōnsistere, cōnstitī, —	sich aufstellen; stehenbleiben; Halt machen
cōnsōlārī, cōnsōlor, cōnsōlātus sum	trösten; ermutigen
cōnspectus, cōnspectūs *m.*	Anblick; Blickfeld; Sichtweite [cōnspicere]
cōnspicārī, cōnspicor, cōnspicātus sum	erblicken; wahrnehmen
cōnspicere, -spiciō, -spexī, -spectum	erblicken; sehen [-spēxī?]
cōnspicuus, -a, -um *(kurzes* i)	sichtbar; offenkundig
cōnstāns, -ns, -ns, *Gen.* cōnstantis	beständig; standhaft; prinzipientreu [→ konstant]
cōnstantia, -ae *f.*	Beständigkeit; Standhaftigkeit; Prinzipientreue
cōnstāre, cōnstitī, (cōnstātūrus)	feststehen; bekannt sein [→ konstant]
cōnstat *m. aci*	es ist bekannt, dass
cōnstāre ex *m. Abl.*	aus *etw.* bestehen
magnō/parvō cōnstāre	viel/wenig kosten [māgn-?]
cōnsternere, cōnstrāvī, cōnstrātum	bestreuen; bedecken
cōnstituere, cōnstituī, cōnstitūtum	aufstellen; errichten; festsetzen; beschließen; feststellen
cōnstruere, cōnstrūxī, cōnstrūctum	(er-)bauen; errichten
cōnsuēscere, cōnsuēvī, cōnsuētum	sich gewöhnen (cōn-su̯e-sce-re *viersilbig*)
cōnsuēvisse	sich an *etw.* gewöhnt haben; *etw.* gewohnt sein
cōnsuēvit *m. Inf.*	er ist gewohnt, *etw.* zu *tun*; gewöhnlich *tut er etw.* (Präs.)
cōnsuētūdō, cōnsuētūdinis *f.*	Gewohnheit; Gewöhnung; (vertrauter) Umgang
cōnsuētus, -a, -um	gewohnt (cōn-suē-tus *dreisilbig*)
cōnsul, cōnsulis *m.*	Konsul
Mārcō et *Lūciō* cōnsulibus	unter dem Konsulat von *Marcus* und *Lucius*
cōnsulāris, -is, -e	konsularisch; eines Konsuls
cōnsulāris, cōnsulāris *m.*	ehemaliger Konsul
cōnsulātus, cōnsulātūs *m.*	der/das Konsulat
cōnsulātum petere	sich um den/das Konsulat bewerben
cōnsulere, cōnsuluī, cōnsultum	beraten; beschließen
m. Akk.	jdn. um Rat fragen
m. Dat.	für *jdn.* sorgen; sich um *jdn./etw.* kümmern
cōnsultāre	beratschlagen; befragen [Intensivum zu cōnsulere]
cōnsultō *Adv.*	absichtlich
cōnsultum, -ī *n.*	Beschluss; Plan
cōnsultum facere	einen Beschluss fassen
cōnsūmere, cōnsūmpsī, cōnsūmptum	verbrauchen; verwenden [→ konsumieren; Konsum]
cōnsurgere, cōnsurrēxī, cōnsurrēctum	sich erheben

contegere, contēxī, contēctum	bedecken; verdecken
contemnere, contempsī, contemptum	verachten; gering schätzen; negativ beurteilen
contemplārī, contemplor, -ātus sum	betrachten [→ kontemplativ]
contemptus, contemptūs *m.*	Geringschätzung; Verachtung
contendere, contendī, contentum	sich anstrengen; eilen; kämpfen; behaupten; verlangen
contentiō, contentiōnis *f.*	Anspannung; Anstrengung; Bemühung; Streit
contentus, -a, -um	zufrieden; froh
conticēscere, conticuī, — (*kurzes* i)	verstummen [tacēre]
continēns, -ns, -ns, *Gen.* continentis	zusammenhängend; ununterbrochen; beherrscht; enthaltsam [tenēre]
continēns, continentis *f.*	Festland [→ Kontinent]
continenter *Adv.* (*kurzes* i)	ununterbrochen
continentia, -ae *f.* (*kurzes* i)	Selbstbeherrschung; Enthaltsamkeit
continēre, continuī, contentum	enthalten; umfassen; festhalten [→ Container]
continērī (*Pass.*)	auf *etw.* beruhen
sē continēre	sich aufhalten
contingere, cóntigī, contāctum	berühren; gelingen; zuteil werden [tangere; → Kontingent]
continuus, -a, -um (*kurzes* i)	ununterbrochen; zusammenhängend [→ Kontinuität]
cōntiō, cōntiōnis *f.* (*langes* ō)	Volksversammlung; Heeresversammlung; Ansprache [< *co-ventiō]
cōntiōnem habēre apud *m. Akk.*	eine Ansprache an *jdn.* halten
contrā *m. Akk.*	gegen
contrā *Adv.*	dagegen; gegenüber; im Gegenteil [→ konträr; Kontrast]
contrādīcere, contrādīxī, contrādictum	widersprechen
contrahere, contrāxī, contractum	zusammenziehen; versammeln; verbinden
contrārius, -a, -um	gegenüberliegend; dem Feinde zugekehrt [→ konträr]
ē contrāriō	im Gegenteil
contrōversia, -ae *f.*	Streit; Meinungsverschiedenheit; Streitpunkt
contumēlia, -ae *f.* (*kurzes* u)	Beleidigung; Schmach; Misshandlung
cōnūbium/cōnŭbium, cōnŭbiī *n.*	Ehe (*zwischen freien Römern*) [*lat. Prosodie schwankt*]
convalēscere, convaluī, —	genesen; erstarken
convenīre, convēnī, conventum	zusammenkommen; sich einigen; *jdn.* treffen
cónvenit *m. Dat.*	es schickt sich für *jdn.*; es passt zu *jdm.*
conventus, conventūs *m.*	Zusammenkunft; Versammlung [→ Konvent]
conversiō, conversiōnis *f.*	Bekehrung
convertere, convertī, conversum	wenden; umstürzen; verändern; bekehren; in Unordnung bringen
convīctus, convīctūs *m.* (*langes* ī)	Zusammenleben; Gesellschaft [vīvere]
convincere, convīcī, convictum *m. Gen.*	*einer Sache* überführen; widerlegen
convīva, convīvae *m.* (!)	Gast (*bei Tisch*)
convīvere, convīxī, convīctum	miteinander leben
convīvium, convīviī *n.*	Gastmahl; Gelage; Fest
convocāre (*kurzes* o)	zusammenrufen; einberufen; versammeln
cōpia, -ae *f.*	Menge; Möglichkeit; Vorrat
cōpiae, cōpiārum *Pl. f.*	Truppen

cōpiōsus, -a, -um	reichlich; reich; wohlhabend [cōpia]
cor, cordis *n.* (*kurzes* o)	Herz (*Nom./Akk. Pl.* corda, *Gen. Pl.* cordium)
cordī (*Dat. fin.*) esse	am Herzen liegen
cōram *m. Abl.*	vor *jdm.*; in Gegenwart von *jdm.*; in *jds.* Anwesenheit
cornū, cornūs *n.*	Horn; Heeresflügel
corōna, -ae *f.* (*erstes* o *kurz*)	Kranz; Krone; Mauerring
corpus, córporis *n.*	Körper
corrigere, corrēxī, corrēctum	berichtigen; verbessern [regere; → korrigieren]
corripere, corripiō, corripuī, -reptum	zusammenraffen; ergreifen; schelten; tadeln [rapere]
corruere, corruī, (corruitūrus)	einstürzen; zusammenbrechen; zugrunde gehen
corrumpere, corrūpī, corruptum	verderben; bestechen [→ korrupt]
corvus, -ī *m.*	Rabe
cotīdiānus/cottīdiānus, -a, -um	täglich; alltäglich [*lat. Orthographie schwankt*]
cotīdiē/cottīdiē *Adv.*	täglich [*lat. Orthographie schwankt*]
crās *Adv.* (*langes* ā)	morgen
creāre (*kurzes* e)	schaffen; erschaffen; wählen [→ kreativ; Kreatur]
creātūra, -ae *f.* (*kurzes* e)	Geschöpf; Schöpfung
crēber, crēbra, crēbrum	zahlreich; häufig
crēbrō *Adv.*	oft; häufig
crēdere, crēdidī, crēditum	glauben; vertrauen; anvertrauen [→ Kredit]
crēdibilis, -is, -e (*kurzes* i)	glaubhaft
cremāre (*kurzes* e)	verbrennen
crēscere, crēvī, crētum	wachsen
crīmen, crīminis *n.*	Vorwurf; Beschuldigung; Verbrechen; Schuld
crīminī (*Dat. fin.*) dare	zum Vorwurf machen; vorwerfen
crīminārī, crīminor, crīminātus sum	beschuldigen
cruciātus, cruciātūs *m.* (*kurzes* u)	Marter; Folter; Qual
crūdēlis, -is, -e	grausam
crūdēlitās, crūdēlitātis *f.*	Grausamkeit
cruor, cruōris *m.* (*kurzes* u)	(dickes) Blut; Blutvergießen
crux, crucis *f.* (*kurzes* u)	Kreuz; Marterholz; Marter
crucī affīgere	ans Kreuz schlagen
cubāre, cubuī, cúbitum (*kurzes* u)	liegen; ruhen
cubiculum, -ī *n.* (*kurzes* u, *kurzes* i)	Schlafzimmer
cubīle, cubīlis *n.* (*kurzes* u)	Lager; Lagerstätte [cubāre]
cui	wem; für wen
im rel. Anschluss	und dem/der (*Dat. Sg.*); und für den/die
cuius	wessen
im rel. Anschluss	und dessen/deren (*Gen. Sg.*)
culpa, -ae *f.*	Schuld
cultūra, -ae *f.*	Bearbeitung; Pflege; Ausbildung
cultus, -a, -um	fein; kultiviert
cultus, cultūs *m.*	Pflege; Verehrung; Lebensart; Kultur; Bildung
cum *m. Abl.*	mit

cum *m. Ind.*	(zu der Zeit) als; als plötzlich; jedes Mal, wenn; indem
m. Konj.	da; als; weil; obwohl; während (*adversativ*); wobei
cum prīmum *m. Ind.*	sobald
cum ... tum	sowohl ... als auch besonders; zwar ... besonders aber
cumulāre (*kurzes* u)	aufhäufen; steigern; vollenden
cūnctārī, cūnctor, cūnctātus sum	zögern
cūnctātiō, cūnctātiōnis *f.* (*langes* ū)	Zögern
cūnctus, -a, -um (*langes* ū)	gesamt
cūnctī, -ae, -a (*langes* ū)	alle
cūncta, cūnctōrum *Pl. n.* (*langes* ū)	alles (*Sg.*)
cupere, cupiō, cupīvī, cupītum	wünschen; wollen; verlangen; begehren
cupiditās, cupiditātis *f.* (*m. Gen.*)	Begierde (nach *etw.*); Leidenschaft; starker Wunsch
cupīdō, cupīdinis *f.* (*m. Gen.*)	Begierde (nach *etw.*); Leidenschaft
cupidus, -a, -um (*m. Gen.*)	gierig (auf *etw.*); begierig
cūr *Adv.*	warum
cūra, -ae *f.*	Sorge; Pflege; Sorgfalt; Interesse an *etw.*
cūrae (*Dat. fin.*) esse	Sorge bereiten; am Herzen liegen; wichtig sein
cūrāre *m. Akk.*	besorgen; pflegen; sich um *etw.* sorgen/kümmern
mit nd-*Form im Akk.*	lassen (z. B. pontem faciendum cūrāvit: er ließ eine Brücke bauen)
cūria, -ae *f.*	Kurie; Rathaus [cum + vir; ≠ cūra »Sorge«]
cūriōsus, -a, -um	neugierig [cūra]
currere, cucurrī, cursum	laufen; eilen; rennen [→ Kurier; Kurs]
currus, currūs *m.*	Wagen
cursus, cursūs *m.*	Lauf; Kurs; Bahn
custōdia, -ae *f.*	Wache; Haft; Gefängnis [cū-?]
custōdīre	bewachen; überwachen; einhalten [cū-?]
custōs, custōdis *m./f.*	Wächter/Wächterin; Hüter/Hüterin [cū-?]

D

damnāre	verurteilen; verdammen
capitis damnāre	zum Tode verurteilen
damnum, -ī *n.*	Schaden; Verlust
dare, dedī, datum (*kurzes* a, *kurzes* e)	geben [→ Datum; Datei]
dē *m. Abl.*	von *etw.* herab; von *etw.* weg; über *etw.*; in Beziehung auf *etw.*
dea, -ae *f.*	Göttin (*Dat./Abl. Pl.* deīs *oder* dīs *oder* deābus)
dēbēre, dēbuī, dēbitum	müssen; schulden; verdanken
nōn dēbēre	nicht brauchen; nicht dürfen
dēcēdere, -cessī, -cessum *m. Abl. sep.*	weggehen; von *etw.* weichen; vor *etw.* ausweichen
decem *indekl.* (*kurzes* e)	zehn [→ Dezimal-system]
decēns, -ns, -ns, *Gen.* decentis	schicklich; anständig [→ dezent]
decēre, decuī, — *m. Akk.* (*kurzes* e)	*jdn.* zieren; *jdm.* gut stehen
decet, decuit *m. aci*	es gehört sich für *jdn.*, *etw.* zu *tun*; es gehört sich, dass

dēcernere, dēcrēvī, dēcrētum	entscheiden; beschließen; urteilen [cernere; → Dekret]
dēcertāre	bis zur Entscheidung kämpfen
dēcidere, dēcidī, — (*kurzes* i)	herabfallen; hineinfallen [cadere]
decimus, -a, -um (*kurzes* e)	der zehnte
dēcipere, dēcipiō, dēcēpī, dēceptum	täuschen; betrügen [capere]
dēclārāre	verkünden; erklären; deutlich machen [→ deklarieren]
decōrus, -a, -um (*kurzes* e)	schicklich (*was sich so gehört*); angemessen; anständig
dēcrētum, -ī *n.*	Beschluss; Entscheidung; Anordnung
decuma, -ae *f.* (*kurzes* e)	der Zehnte (*eine Steuerabgabe*)
decumānus, -ī *m.* (*kurzes* e)	Pächter mit Zehntverpflichtung
decus, décoris *n.* (*kurzes* e)	Zierde; Anstand; Ehre; Würde
dēdecus, dēdécoris *n.*	Unehre; Schande; Schandtat [decus]
dēdere, dēdidī, dēditum	ausliefern; übergeben; hingeben [dare]
sē dēdere *m. Dat.*	sich jdm. ausliefern; sich *einer Sache* widmen
dēditus *m. Dat.*	*einer Sache* ergeben
dēdicāre (*kurzes* i)	weihen
dēditiō, dēditiōnis *f.* (*kurzes* i)	Übergabe; Kapitulation [dēdere]
dēdūcere, dēdūxī, dēductum	wegführen; hinführen; bringen; ableiten
deesse, dēsum, dēfuī, — (*m. Dat.*)	fehlen; nicht da sein; (*jdn.*) im Stich lassen
dēfectiō, dēfectiōnis *f.*	Abfall; Abtrünnigkeit; Aufstand [dēficere]
dēfendere, dēfendī, dēfēnsum	verteidigen; schützen; abwehren; wegstoßen
dēfēnsiō, dēfēnsiōnis *f.*	Verteidigung
dēfēnsor, dēfēnsōris *m.*	Verteidiger
dēferre, dēferō, dētulī, dēlātum	wegtragen; hinbringen; überbringen; melden; mitteilen
dēfessus, -a, -um	erschöpft
dēficere, dēficiō, dēfēcī, dēfectum	abnehmen; abfallen; versagen; ausbleiben; ermatten
animō dēficere (*kurzes* i)	den Mut sinken lassen
dēfīgere, dēfīxī, dēfīxum	einfügen; festmachen; stark machen
dēfīnīre	abgrenzen; näher bestimmen [→ Definition]
dēflēre, dēflēvī, dēflētum	beweinen
dēfōrmis, -is, -e (*langes* ō)	gestaltlos; entstellt
dēicere, dēiciō, dēiēcī, dēiectum	hinabwerfen; hinunterstoßen; umwerfen; verschlagen; vertreiben (dēiciō *sprich* dējiciō) [iacere]
spē dēicere	in der Hoffnung täuschen
deinde *Adv.*	dann; darauf
dēlectāre	erfreuen; unterhalten; Spaß machen
dēlectātiō, dēlectātiōnis *f.*	Genuss; Vergnügen
dēlēre, dēlēvī, dēlētum	zerstören; vernichten
dēlīberāre	erwägen; überlegen; sich beratschlagen; beschließen
dēlīberātiō, dēlīberātiōnis *f.*	Überlegung
dēliciae, dēliciārum *Pl. f.* (*kurzes* i)	Vergnügen (*Sg.*); Reiz (*Sg.*); Schätzchen (*Sg.*)
dēlictum, -ī *n.*	Vergehen [→ Delikt]
dēligere, dēlēgī, dēlēctum (*kurzes* i)	wählen; auswählen [≠ dīligere »lieben«]
dēlinquere, dēlīquī, dēlictum	sich vergehen [→ Delinquent]

delphīnus, -ī *m*.	Delfin
dēlūbrum, -ī *n*.	Heiligtum [*eigentl.* »Reinigungsort«: lavāre]
dēmēns, -ns, -ns, *Gen.* dēmentis	von Sinnen; wahnsinnig; rasend
dēmentia, -ae *f*.	Wahnsinn
dēmere, dēmpsī, dēmptum (*langes* ē)	wegnehmen
dēmigrāre (*kurzes* i)	abwandern; auswandern
dēminuere, dēminuī, dēminūtum	vermindern; schmälern (*kurzes* i, *kurzes* u)
dēmittere, dēmīsī, dēmissum	herablassen; hinabschicken; sinken lassen; wegnehmen
dēmōlīrī, dēmōlior, dēmōlītus sum	niederreißen; zerstören [mōlēs]
dēmōnstrāre (*langes* ō)	nachweisen; beweisen; darlegen; deutlich zeigen
dēmum *Adv*.	endlich; erst
dēnārius, dēnāriī *m*.	Denar (*röm. Münze*)
dēnique *Adv*.	zuletzt; schließlich; endlich
dēns, dentis *m*.	Zahn [→ dental]
dēnsus, -a, -um (*langes* ē)	dicht; dicht gereiht
dēnuō *Adv*.	erneut; wieder; von neuem [novus]
dēpellere, dēpulī, dēpulsum	vertreiben; verdrängen; verjagen
dēplōrāre	beklagen; betrauern
dēpōnere, dēposuī, dēpositum	niederlegen; ablegen; aufgeben; in Verwahrung geben
dēpopulārī, dēpopulor, -ātus sum	verheeren; ausplündern; verwüsten
dēportāre	fortschaffen
dēposcere, dēpoposcī, —	dringend fordern [-pōsc-?]
dēprecārī, dēprecor, dēprecātus sum	um Gnade bitten; verwünschen
dēprehendere, dēprehendī, hēnsum	ergreifen; (auf frischer Tat) ertappen
dēprimere, dēpressī, dēpressum	herunterdrücken; unterdrücken [premere]
dēprōmere, dēprōmpsī, dēprōmptum	herunterholen; hervorholen
dērīdēre, dērīsī, dērīsum	auslachen; verspotten
dērogāre (*kurzes* o)	aberkennen; entziehen
dēscendere, dēscendī, dēscēnsum	herabsteigen; hinabsteigen; sich auf *etw*. einlassen
dēserere, dēseruī, dēsertum	verlassen; im Stich lassen; aufgeben [→ Deserteur]
dēsertus, -a, -um	verlassen; öde; einsam [→ *engl*. desert]
dēsīderāre	vermissen; sich nach *etw*. sehnen; begehren
dēsīderium, dēsīderiī *n*. (*zweites* e *kurz*)	Sehnsucht; Verlangen; Wunsch; Bedürfnis
dēsidia, -ae *f*. (*kurzes* i)	Trägheit [sedēre]
dēsīgnāre	bezeichnen; ernennen; vorherbestimmen [dēsĭgn-?]
dēsīgnātus, -a, -um	designiert (*gewählt bzw. bestimmt, aber noch nicht im Amt*)
dēsilīre, dēsiluī, (dēsultum)	hinabspringen
dēsinere, dēsiī (!), dēsitum (*kurzes* i)	aufhören
dēsistere, dēstitī, — *m. Inf*.	aufhören, *etw*. zu *tun*
m. Abl.	von *etw*. ablassen; mit *etw*. aufhören
dēspērāre	verzweifeln
dēspērāre *m. Akk*.	die Hoffnung auf *etw*. aufgeben
dēspērāre dē *m. Abl*.	an *etw*. verzweifeln; die Hoffnung auf *etw*. aufgeben
dēspērātiō, dēspērātiōnis *f*.	Verzweiflung

dēspicere, dēspiciō, -spexī, -spectum	herabsehen; verachten [-spēxī?]
dēspoliāre (*kurzes* o)	berauben; ausplündern; wegnehmen
dēstināre (*kurzes* i)	bestimmen; beschließen; die feste Absicht haben
dētegere, dētēxī, dētēctum	entdecken; aufdecken [→ Detektiv]
dēterrēre, dēterruī, dēterritum	abschrecken; abwehren
dētestārī, dētestor, dētestātus sum	verwünschen; verfluchen [dētēst-?]
dētinēre, dētinuī, dētentum (*kurzes* i)	abhalten [tenēre]
dētrahere, dētrāxī, dētractum	herabziehen; wegnehmen; entziehen; abziehen
dētrīmentum, -ī *n.*	Schaden; Einbuße; Verlust
dētrīmentō (*Dat. fin.*) esse	zum Nachteil gereichen; Schaden bringen
dētrīmentum afferre/īnferre	Schaden zufügen
deus, deī *m.*	Gott (*Nom. Pl.* dī, *Dat./Abl. Pl.* dīs, *Gen. Pl. auch* deum)
dēvincere, dēvīcī, dēvictum	völlig besiegen; in die Knie zwingen
dēvītāre	meiden; umgehen
dēvolāre (*kurzes* o)	herabfliegen
dēvorāre (*kurzes* o)	auffressen
dēvovēre, dēvōvī, dēvōtum (ŏ *bzw.* ō)	weihen; verfluchen
dexter, dextra, dextrum	rechts; glücklich (*seltener:* dexter, dextera, dexterum)
dextra, -ae *f.*	die Rechte; rechte Hand [*Ellipse v.* manus]
dī, deōrum/deum, dīs	→ deus
diabolus, -ī *m.* (*kurzes* a, *kurzes* o)	Teufel
dīcere, dīxī, dictum	sagen; sprechen; reden; behaupten; nennen
dīcitur *m.* nci	man sagt, dass er …; er soll *etw.* machen / gemacht haben
diciō, diciōnis *f.* (*kurzes* i)	Abhängigkeit; Gewalt (*unter der man steht*) [dīcere]
dictāre	aufsetzen; diktieren [*Intensivum zu* dīcere]
dictātor, dictātōris *m.*	Diktator
dictātūra, -ae *f.*	Diktatur
dictum, -ī *n.*	Ausspruch; Wort
diēs, diēī *m.*	Tag [→ Diäten (*falsche Schreibung v.* Diëten) = Tagessatz]
diēs, diēī *f.*	*Ist* diēs *aber ein* Termin, *so merkt man ihn sich feminin.*
ad diem	rechtzeitig
in diēs	von Tag zu Tag
multīs diēbus post	viele Tage später
differre, dífferō, dístulī, dīlātum	auseinandertragen; aufschieben; sich unterscheiden
difficilis, -is, -e (*kurzes* i)	schwierig [facilis]
difficultās, difficultātis *f.* (*kurzes* i)	Schwierigkeit
diffīdere, diffīdō, diffīsus sum *m. Dat.*	*jdm.* misstrauen; an *etw.* zweifeln (*Semideponens*)
diffundere, diffūdī, diffūsum	verstreuen; verbreiten
dīgerere, dīgessī, dīgestum	trennen; ordnen; verteilen
digitus, -ī *m.* (*kurzes* i)	Finger; Zehe
dignitās, dignitātis *f.*	Würde; Ansehen; Rang; Amt [dīgn-?]
dignus, -a, -um *m. Abl.*	*einer Sache* würdig; wert; angemessen [dīgn-?]
dīgredī, dīgredior, dīgressus sum	sich entfernen; abschweifen
dīlābī, dīlābor, dīlāpsus sum	zerfallen; vergehen

dīlēctus, dīlēctūs *m.* (*langes* ē)	Aushebung [dīligere]
dīligēns, -ns, -ns, *Gen.* dīligentis	sorgfältig; gewissenhaft
dīligentia, -ae *f.* (*zweites* i *kurz*)	Sorgfalt
dīligere, dīlēxī (!), dīlēctum (*kurzes* i)	schätzen; lieben; hoch achten [≠ dēligere »auswählen«]
dīmicāre (*zweites* i *kurz*)	(um die Entscheidung) kämpfen; fechten
dīmidium, dīmidiī *n.* (*zweites* i *kurz*)	Hälfte
dīmidius, -a, -um (*zweites* i *kurz*)	halb
dīmittere, dīmīsī, dīmissum	entlassen; entsenden; wegschicken; aufgeben; auslassen
dīrēctus, -a, -um (*langes* ē)	gerade
dīreptiō, dīreptiōnis *f.*	Plünderung
dīrigere, dīrēxī, dīrēctum (*kurzes* i)	lenken; geraderichten; einrichten [regere; → Dirigent]
dīrimere, dīrēmī, dīrēmptum (*kurzes* i)	trennen; unterbrechen; stören [< *dis-emere]
dīripere, dīripiō, dīripuī, dīreptum	plündern; zerstören [rapere]
dīruere, dīruī, dīrutum (*kurzes* u)	niederreißen; zerstören
dīrus, -a, -um	unheilvoll; schrecklich
discēdere, discessī, discessum	auseinandergehen; weggehen
disceptāre	entscheiden; schlichten
discere, didicī, — (*kurzes* i)	lernen; erfahren
discernere, discrēvī, discrētum	unterscheiden; trennen [cernere; → diskret]
discessus, discessūs *m.*	Abzug; Abreise; Trennung
disciplīna, -ae *f.* (*zweites* i *kurz*)	Lehre; Erziehung; Disziplin; Fachwissenschaft
discipulus, -ī *m.* (*kurzes* i)	Schüler
discordia, -ae *f.*	Zwietracht; Streit; Uneinigkeit [cor]
discrepāre, discrepāvī, (*kurzes* e)	nicht übereinstimmen; in Widerspruch stehen
discrīmen, discrīminis *n.*	Unterschied; Entscheidung; Wendepunkt; Gefahr; Probe
disiungere, disiūnxī, disiūnctum	abspannen; trennen; unterscheiden
dispār, dispār, dispār, *Gen.* díspăris	ungleich
dispergere, dispersī, dispersum	verstreuen; ausbreiten
displicēre, displicuī, displicitum	missfallen [placēre]
dispōnere, disposuī, dispositum	ordnen; einteilen; aufstellen; anlegen [→ Disposition]
disputāre (*kurzes* u)	erörtern; diskutieren
dissentīre, dissēnsī, dissēnsum	nicht übereinstimmen; verschiedener Meinung sein
disserere, disseruī, dissertum	über *etw.* sprechen; erörtern; darlegen [→ Dissertation]
dissidēre, dissēdī, —	uneinig sein; nicht übereinstimmen [sedēre]
dissimilis, -is, -e (*kurzes* i)	unähnlich [similis]
dissimulāre (*kurzes* i, *kurzes* u)	sich verstellen; *etw.* verheimlichen
dissolvere, dissolvī, dissolūtum	auflösen; ablösen; zahlen
dissuādēre, dissuāsī, dissuāsum	abraten (dis-suā-dē-re *viersilbig*)
distāre, —, — (ā *m. Abl.*)	entfernt sein (von *etw.*); sich (von *jdm.*) unterscheiden
distinēre, distinuī, distentum	auseinanderhalten; trennen; verzögern [tenēre]
distinguere, distīnxī, distīnctum	unterscheiden; trennen; genau bezeichnen [-īnxī, -īnctum?]
distribuere, distríbuī, distribūtum	verteilen; einteilen [→ distributiv]
diū *Adv.*	lange (*zeitl.*)

diurnus, -a, -um	Tages-...
diutius/diūtius	länger [*lat. Prosodie schwankt*]
diuturnus/diūturnus, -a, -um	lange dauernd; langlebig; beständig [*lat. Prosodie schwankt*]
dīversus, -a, -um	entgegengesetzt; verschieden; feindlich [vertere]
dīves, dīves, dīves, *Gen.* dīvitis	reich (*eines der wenigen Adjektive der kons. Dekl.*)
dīvidere, dīvīsī, dīvīsum (*zweites i kurz*)	trennen; teilen
dīvīnus, -a, -um	göttlich; weissagend; die Götter betreffend
dīvitiae, dīvitiārum *Pl. f.* (*zweites i kurz*)	Reichtum (*Sg.*) [dīves]
dīvus, -a, -um	göttlich; weissagend
docēre, docuī, doctum (*kurzes o*)	lehren; darlegen; belehren; unterrichten
doctrīna, -ae *f.*	Wissen; Gelehrsamkeit; Lehre; Belehrung
doctor, doctōris *m.*	Lehrer; Doktor
doctus, -a, -um	gelehrt; gebildet; erfahren
documentum, -ī *n.* (*kurzes o, kurzes u*)	Beweis; Zeugnis; Lehre
dolēre, doluī, (dolitūrus) (*kurzes o*)	traurig sein; bedauern; Schmerz empfinden; schmerzen
dolor, dolōris *m.* (*kurzes o*)	Schmerz
dolōrī (*Dat. fin.*) esse *m. Dat.*	jdm. Schmerz bereiten
dolus, -ī *m.* (*kurzes o*)	List; Täuschung [≠ dolor »Schmerz«]
domāre, domuī, dómitum	zähmen; unterwerfen; bezwingen [domus]
domesticus, -a, -um (*kurzes o*)	Haus-...; Innen-...; einheimisch [domus]
domī *Adv.* (*kurzes o*)	zu Hause [*alter Lokativ*]
domī mīlitiaeque	in Friedens- und Kriegszeiten
domicilium, domiciliī *n.* (*kurzes o/i*)	Wohnsitz [→ Domizil]
domina, -ae *f.* (*kurzes o*)	Herrin
dominārī, dominor, dominātus sum	herrschen; Herr sein [→ dominant]
dominātiō, dominātiōnis *f.* (*kurzes o*)	Herrschaft; Alleinherrschaft; Gewaltherrschaft
dominus, -ī *m.* (*kurzes o*)	Herr; Hausherr; Eigentümer
domus, domūs *f.* (!) (*kurzes o*)	Haus (*Abl. Sg.* domō, *Gen. Pl.* domōrum, *Akk. Pl.* domōs)
domum *Adv.*	nach Hause; heim [*alter Richtungsakkusativ*]
domō *Adv.*	von zu Hause [*alter Separativ*]
domī *Adv.*	zu Hause [*alter Lokativ*]
domī mīlitiaeque	in Friedens- und Kriegszeiten
dōnāre	schenken; beschenken
dōnec *m. Ind. oder Konj.*	solange wie; solange bis; bis dass
dōnum, -ī *n.*	Geschenk; Gabe
dōnum mīlitāre, dōnī mīlitāris *n.*	Kriegsauszeichnung
dormīre	schlafen
dorsum, -ī *n.*	Rücken
dōs, dōtis *f.*	Mitgift; Gabe
drúidēs, drúidum *Pl. m.*	Druiden (»Eichenkundige«)
dubitāre *m. Inf.* (*kurzes u*)	zögern; Bedenken tragen, *etw.* zu tun
m. indir. FS (*selten m. aci*)	zweifeln; bezweifeln
nōn dubitāre quīn *m. Konj.*	nicht daran zweifeln, dass
dubitātiō, dubitātiōnis *f.* (*kurzes u*)	Zweifel; Bedenken; Zögern

dubium, dubiī *n.* (*kurzes* u)	Zweifel; Gefahr
in dubiō esse	auf dem Spiel stehen
dubius, -a, -um (*kurzes* u)	zweifelhaft; bedenklich; gefährlich [→ dubios]
nōn est dubium quīn *m. Konj.*	es ist nicht zweifelhaft, dass
ducentī, -ae, -a (*kurzes* u)	zweihundert [centum]
dūcere, dūxī, ductum	ziehen; führen; glauben; meinen; für *etw.* halten
magnī/parvī dūcere	*etw.* hoch/gering schätzen [māgn-?]
prīmum dūcere	*etw.* als Höchstes erachten
dulcis, -is, -e	süß; lieblich; angenehm
dum *m. Ind. Präs.*	während
m. Ind. aller Tempora	solange wie; solange bis (*rein temporal*)
m. Konj. Präs./Impf.	solange bis (*finaler Nebensinn*)
m. Konj. im Wunschssatz	wenn nur; Hauptsache, dass
dummodō *m. Konj.*	wenn nur; sofern nur
duo, duae, duo (*kurzes* o)	zwei
duodecim *indekl.* (*kurzes* o, *kurzes* e)	zwölf [→ Dutzend]
dūrāre	härten; dauern; ausdauern; aushalten [dūrus; → durativ]
dūrus, -a, -um	hart; beschwerlich
dux, ducis *m.* (*kurzes* u)	Führer; Anführer; Heerführer
Caesare duce (*nom. Abl. abs.*)	unter *Caesars* Führung

E

ē/ex *m. Abl.*	aus *etw.* heraus; von *etw.* her
ex eō tempore	seit dieser Zeit
ex eā rē	aufgrund dieser Angelegenheit; deshalb
bei Personen: ex *senātōribus*	von *den Senatoren*
ea quae *Pl. n.*	→ is
ēbrietās, ēbrietātis *f.* (*kurzes* i)	Trunkenheit
ēbrius, -a, -um	betrunken
ecce *indekl.*	sieh/seht da! da ist
edere, ēdī, ēsum (*erstes* e *kurz*)	essen [≠ ēdere »herausgeben«]
ēdere, ēdidī, ēditum	herausgeben; bekannt machen; vollbringen [dare]
ēdīcere, ēdīxī, ēdictum	befehlen; anordnen; verkünden
ēdictum, -ī *n.*	Bekanntmachung; Verordnung
ēditus, -a, -um (*kurzes* i)	emporragend; hoch [ēdere]
ēducāre (*kurzes* u)	erziehen
ēdūcere, ēdūxī, ēductum	herausführen
effēmināre (*kurzes* i)	verweichlichen [fēmina]
efferre, éfferō, éxtulī, ēlātum	hinaustragen; herausbringen; herausheben [→ Elativ]
efficere, efficiō, effēcī, effectum	bewirken; durchführen; erreichen; hervorbringen; herstellen; bilden; zu *etw.* machen
effigiēs, effigiēī *f.* (*kurzes* i)	Abbild; Bild
effodere, effodiō, effōdī, effossum	ausstechen; umgraben

effringere, effrēgī, effrāctum	*etw.* aufbrechen [frangere]
effugere, effugiō, effūgī, (effugitūrus)	entfliehen; entkommen
effundere, effūdī, effūsum	ausgießen; fortschleudern
egēns, -ns, -ns, *Gen.* egentis (*m. Gen.*)	(*einer Sache*) bedürftig
egēre, eguī, — *m. Abl. oder Gen.* (*erstes* e *kurz*)	Mangel an *etw.* haben; *einer Sache* bedürfen; *etw.* brauchen
egestās, egestātis *f.* (*m. Gen.*) (*kurzes* e)	Mangel (an *etw.*); Armut (an *etw.*); Not
egō/ego (*kurzes* e)	ich [→ Egoismus]
ēgredī, ēgredior, ēgressus sum	hinausgehen; verlassen; herauskommen
ēgregius, -a, -um (*zweites* e *kurz*)	ausgezeichnet; hervorragend [grex]
ēicere, ēiciō, ēiēcī, ēiectum	hinauswerfen; vertreiben (ēiciō *sprich* ējiciō) [iacere]
eius (*Gen. Sg. v.* is/ea/id)	sein/ihr (*Sg.*); dessen/deren (*Sg.*)
eiusmodī *indekl.*	derartig (*Adj.*) [*eigentl. Gen. Sg.:* eius modī »dieser Art«]
ēlēctiō, ēlēctiōnis *f.* (*zweites* ē *lang*)	Wahl; Auswahl
ēlegāns, -ns, -ns, *Gen.* ēlegantis	auserlesen; wählerisch; geschmackvoll
elephantus, -ī *m.* (*kurzes* e)	Elefant
ēlicere, ēliciō, ēlicuī, ēlicitum (*kurzes* i)	hervorlocken
ēligere, ēlēgī, ēlēctum (*kurzes* i)	auswählen; auslesen
ēloquēns, -ns, -ns, *Gen.* ēloquentis	redegewandt; beredt
ēloquentia, -ae *f.*	Beredsamkeit [→ Eloquenz]
ēmānāre	herausfließen; hervorgehen
ēmendāre	verbessern; vervollkommnen [mendum »Fehler«]
emere, ēmī, ēmptum (*kurzes* e)	kaufen; nehmen
ēmigrāre (*kurzes* i)	auswandern
ēminēre, ēminuī, — (*kurzes* i)	hervorragen; in die Augen fallen; sichtbar werden
ēminus *Adv.* (*kurzes* i)	von Ferne; in Schussweite [manus]
ēmittere, ēmīsī, ēmissum	herausschicken; entsenden; loslassen; freilassen
ēnervātus, -a, -um	entnervt; kraftlos; weichlich
enim (*nachgestellt*) (*kurzes* e)	nämlich; denn
etenim	und in der Tat
ēnūntiāre (*langes* ū)	verraten; bekanntgeben
eō *Adv.* (*kurzes* e)	dorthin; hierhin
eō … quia	deswegen … weil
eō *m. Komp.*	desto *m. Komp.*; umso *m. Komp.*
eō … quō	umso … je
eōdem *Adv.*	ebendorthin
eōdem … quō	ebendorthin … wo(hin)
eōrum/eārum (*Gen. Pl. v.* is/ea/id)	ihr (*Pl.*); deren (*Pl.*)
epistula, -ae *f.* (*kurzes* e)	Brief
epulae, epulārum *Pl. f.* (*kurzes* e)	Gerichte; Speisen
epulārī, epulor, epulātus sum	schmausen; speisen; verspeisen
eques, équitis *m.* (*zwei kurze* e)	Reiter; Ritter
equester, equestris, equestre	zu Pferde; Reiter-…; Ritter-…
equidem (*kurzes* e, *kurzes* i)	allerdings; in der Tat; fürwahr; ich jedenfalls

equitāre (*kurzes* e, *kurzes* i)	reiten
equitātus, equitātūs *m.* (*kurzes* e/i)	Reiterei; Ritterstand
equus, -ī *m.* (*kurzes* e)	Pferd
ergā *m.* Akk.	gegen jdn. (*im freundlichen Sinne*); *einer Sache* gegenüber; in Hinsicht auf *etw.*
ergō/ergo	also; folglich [< *ē regō »aus der Richtung«]
ērigere, ērēxī, ērēctum (*kurzes* i)	aufrichten; errichten [regere]
ēripere, ēripiō, ēripuī, ēreptum	entreißen; herausreißen; befreien [rapere]
errāre	umherirren; sich irren; einen Fehler machen
error, errōris *m.*	Irrtum; Fehler; Ungewissheit; Irrfahrt
ērudīre (*kurzes* u)	unterrichten; bilden [ē rude »aus dem Rohen«]
ērudītiō, ērudītiōnis *f.* (*kurzes* u)	Unterricht; Bildung
ērudītus, -a, -um (*kurzes* u)	gebildet
ēruere, ēruī, ērutum (*kurzes* u)	aufwühlen; ausreißen
ērumpere, ērūpī, ēruptum	ausbrechen; herausstürzen
ēruptiō, ēruptiōnis *f.*	Ausbruch [ērumpere]
esse, sum, fuī, —	sein
als Vollverb	existieren; vorhanden sein
m. Gen.	im Bereich von *etw.* liegen; mit *etw.* verbunden sein
est/sunt (*meist vorangestellt*)	es gibt
et	und; auch (≈ etiam)
am Anfang eines HS	und tatsächlich
et ... et	sowohl ... als auch
bei zwei unterschiedlichen Prädikaten	einerseits ... andererseits
etenim	und in der Tat; denn
etiam/et	auch; sogar
m. Komp.	noch
etiamsī/**etsī**/tametsī	auch wenn
etiamsī nōn	wenn schon nicht
Etrūscus, -a, -um (*kurzes* e, *langes* ū)	etruskisch
ēvādere, ēvāsī, ēvāsum	entkommen; herausgehen; auf *etw.* hinauslaufen
ēvenīre, ēvēnī, ēventum (*zweites* e *kurz*)	herauskommen; sich ereignen; sich einstellen; enden
ēventus, ēventūs *m.*	Ausgang; Ende; Erfolg; Ereignis
ēvertere, ēvertī, ēversum	umkehren; umstürzen; zerstören; vernichten
ēvītāre	vermeiden
ēvocāre (*kurzes* o)	herausrufen; kommen lassen; vorladen
exagitāre	antreiben; aufwiegeln [agere]
excēdere, excessī, excessum	hinausgehen; verlassen; sich entfernen; übersteigen
excellēns, -ns, -ns, Gen. excellentis	hervorragend [→ exzellent]
excellere, —, —	herausragen; sich auszeichnen
excelsus, -a, -um	hochragend; erhaben
excerpere, excerpsī, excerptum	auslesen; herausschreiben [→ Exzerpt]
excīdere, excīdī, excīsum	heraushauen; zerstören; aufbrechen [caedere]
excipere, excipiō, excēpī, exceptum	aufnehmen; eine Ausnahme machen [capere]

excitāre (*kurzes* i)	aufscheuchen; antreiben; wecken; reizen; ermuntern
exclāmāre	ausrufen
exclūdere, exclūsī, exclūsum	ausschließen; abweisen [claudere; → exklusiv]
excōgitāre (*kurzes* i)	ausdenken; erfinden
excūsāre	entschuldigen; vorschützen [causa; → *engl.* to excuse]
exemplum, -ī *n.*	Beispiel; Vorbild
exercēre, exercuī, exercitum	üben; trainieren; ausüben; bewegen [arcēre]
sē exercēre	sich üben; trainieren
exercitātiō, exercitātiōnis *f.*	Übung
exercitus, exercitūs *m.*	Heer [exercēre]
exhaurīre, exhausī, exhaustum	auschöpfen; leeren; erschöpfen
exigere, exēgī, exāctum (*kurzes* i)	hinaustreiben; eintreiben; fordern; ausführen; vollenden; verbringen [agere]
exiguus, -a, -um (*kurzes* i)	klein; wenig; gering; unbedeutend
exilium, exiliī *n.* (*kurzes* i)	Exil; Verbannung [*falsche, aber häufige Schreibung:* exsilium]
eximere, exēmī, exēmptum (*kurzes* i)	herausnehmen; freimachen; beseitigen [emere]
eximius, -a, -um (*kurzes* i)	besonders; ausgezeichnet; außerordentlich
exīre, exeō, exiī, exitum	herausgehen; hinausgehen; (*aus einem Gebiet*) ausziehen; zu Ende gehen
existere	→ exsistere
exīstimāre (*langes* ī)	einschätzen; glauben; meinen [aestimāre]
exīstimātiō, exīstimātiōnis *f.* (*langes* ī)	Meinung; Urteil; Ansehen
exitium, exitiī *n.* (*kurzes* i)	Verderben; Untergang
exitus, exitūs *m.*	Ausgang; Ende; Ergebnis; Tod [exīre]
exoptāre	*etw.* sehnlich herbeiwünschen
exōrāre	durch Bitten erweichen; »rumkriegen«
exōrnāre (*langes* ō)	ausschmücken
expectāre	→ exspectāre
expectātiō	→ exspectātiō
expedīre (*kurzes* e)	freimachen; bereit machen; erledigen
expedītiō, expedītiōnis *f.* (*kurzes* e)	Unternehmung; Fahrt
expedītus, -a, -um (*kurzes* e)	unbehindert; leichtbewaffnet; einsatzbereit; problemlos
expellere, expulī, expulsum	vertreiben; verbannen
experīmentum, -ī *n.* (*langes* ī)	Versuch; Beweis
experīrī, experior, expertus sum	versuchen; erproben; erfahren [→ Experte; Experiment]
expers, expers, expers, *Gen.* expertis	ohne Anteil an *etw.*; frei von *etw.*
expertus, -a, -um	erfahren
expetere, expetīvī, expetītum	erstreben; anstreben; begehren
explicāre (*kurzes* i)	erklären; ausführen (*Stf. auch* explicuī, explicitum)
explōrāre	erkunden; erforschen [→ Internet-Explorer]
explōrātor, explōrātōris *m.*	Späher; Kundschafter
expōnere, exposuī, expositum	aussetzen; ausstellen; auseinandersetzen; darlegen
exportāre	ausführen; fortschaffen
exprimere, expressī, expressum	herausdrücken; herausarbeiten; abbilden; schildern

33

expūgnāre	erobern
exquīrere, exquīsīvī, exquīsītum	aussuchen; sich erkundigen; verlangen [quaerere]
éxsequī, éxsequor, execūtus sum	ausführen; hinausleiten; zu Grabe tragen
exsequiae, exsequiārum *Pl. f.*	Leichenbegängnis (*Sg.*)
exsilium, exsiliī *n.*	*falsche, aber häufige Schreibung für* → exilium
exsistere, éxstitī, —	hervortreten; sich zeigen; auftreten; entstehen
exspectāre	erwarten [*oft auch* expectāre *geschrieben*]
exspectāre, sī	abwarten, ob
exspectātiō, exspectātiōnis *f.*	Erwartung [*oft auch* expectātiō *geschrieben*]
exstāre, —, —	herausragen; sich zeigen; vorhanden sein
exstinguere, exstīnxī, exstīnctum	auslöschen; vertilgen [exstĭnxī, exstĭnctum?]
exstruere, exstrūxī, exstrūctum	aufschichten; erbauen; errichten
exsultāre	jubeln; ausgelassen sein [saltāre]
extemplō *Adv.*	sofort; auf der Stelle
extendere, extendī, extentum	ausdehnen; ausstrecken
exter	→ exterus
exterior, -ior, -ius, *Gen.* exteriōris	der äußere; weiter außen
externus, -a, -um	auswärtig
exterus, -a, -um	auswärtig; ausländisch (*Nom. Sg. m. auch* exter)
extinguere	→ exstinguere
extollere, éxtulī, —	erheben; rühmen
extrā *m. Akk.*	außerhalb von; außer
extrahere, extrāxī, extractum	herausziehen
extrēmus, -a, -um	der äußerste, der letzte [→ extrem]
exul, exul, exul, *Gen.* éxulis (*kurzes* u)	verbannt

F

faber, fabrī *m.* (*kurzes* a)	Handwerker [→ Fabrik]
fābula, -ae *f.*	Gerede; Geschichte; Erzählung; Theaterstück [→ Fabel]
facere, faciō, fēcī, factum	tun; machen; handeln; herstellen
facere ut *m. Konj.*	bewirken, dass
faciēs, faciēī *f.* (*kurzes* a)	Gesicht; Gestalt
facile *Adv.*	leicht; mühelos
facilis, -is, -e	leicht (*nicht schwierig*) [facere]
facilitās, facilitātis *f.* (*kurzes* i)	Zugänglichkeit; Umgänglichkeit
facinus, facínoris *n.*	Handlung; Tat; Untat; Verbrechen [facere]
factiō, factiōnis *f.*	Parteiung; politische Clique
factiōsus, -a, -um	fanatisch
factiōsus, -ī *m.*	entschlossener Parteigänger
factū (*Supin II*)	… zu tun
factum, -ī *n.*	Handlung; Tat; Tatsache [→ Fakten]
quō factō	wodurch; woraufhin
im rel. Anschluss	und dadurch; und daraufhin

facultās, facultātis *f*. (*erstes* a *kurz*)	Möglichkeit; Fähigkeit; Geschick [→ Fakultät]
fācundus, -a, -um	redegewandt; beredt [fārī]
fallāx, fallāx, fallāx, *Gen*. fallācis	trügerisch
fallere, fefellī, —	täuschen; betrügen; enttäuschen [*PPP durch* dēceptum *ersetzt*]
falsus, -a, -um	falsch; treulos
fāma, -ae *f*.	Gerücht; Sage; Ruf; Ansehen [→ famos; ≠ famēs »Hunger«]
famēs, famis *f*. (*m. Gen.*) (*kurzes* a)	Hunger (auf *etw.*); Gier (nach *etw.*) [≠ fāma »Gerücht«]
familia, -ae *f*. (*kurzes* a, *kurzes* i)	Hausgemeinschaft; Familie; Sklavenschar
familiāris, -is, -e (*kurzes* a, *kurzes* i)	vertraut; eng befreundet; bekannt; Haus-…
familiāris, familiāris *m*.	Freund
rēs familiāris, reī familiāris *f*.	Hauswesen; Vermögen; Besitz
familiāritās, familiāritātis *f*.	vertrauter Umgang; Freundschaft
famulus, -ī *m*. (*kurzes* a)	Diener; Sklave
fānum, -ī *n*.	Heiligtum; Tempel
fārī, for, fātus sum	sprechen; sagen; verkünden
fās *n*. (*indekl.*)	göttliches Recht; göttliches Gebot
fascēs, fascium *Pl. m*.	Rutenbündel (*Sg.*) [→ Faschismus]
fastīdium, fastīdiī *n*.	Widerwille; Überdruss; Ekel; Hochmut [taedium]
fastīgium, fastīgiī *n*.	Giebel; Giebeldach; Spitze; Gipfel
fātālis, -is, -e	vom Schicksal bestimmt; verhängnisvoll
fatērī, fateor, fassus sum (*kurzes* a)	bekennen; gestehen; eingestehen
fatīgāre (*kurzes* a)	müde machen; ermüden
fatīgātus, -a, -um	erschöpft; müde
fātum, -ī *n*.	Götterspruch; Schicksal
faucēs, faucium *Pl. f*. (*Sg. nur Abl.*)	Schlund (*Sg.*); Kehle (*Sg.*); Schlucht (*Sg.*); Engstelle (*Sg.*)
faustus, -a, -um	günstig; gesegnet
favēre, fāvī, fautum *m. Dat.* (*kurzes* a)	*jdm.* geneigt sein; *jdn.* begünstigen; *jdn.* unterstützen
favor, favōris *m*. (*kurzes* a)	Gunst; Beifall
fax, facis *f*.	Fackel; Kienspan
febris, febris *f*. (*i-Dekl.*) (*kurzes* e)	Fieber; Fieberanfall
fēlīcitās, fēlīcitātis *f*.	Glück; Fruchtbarkeit
fēlīciter *Adv*.	glücklich; erfolgreich
fēlīx, fēlīx, fēlīx, *Gen*. fēlīcis	glücklich; Glück bringend
fēmina, -ae *f*. (*kurzes* i)	Frau
fenestra, -ae *f*. (*kurzes* e)	Fenster
fera, -ae *f*. (*kurzes* e)	wildes Tier
ferē/fermē *Adv*.	fast; ungefähr; beinahe; meistens
fēriae, fēriārum *Pl. f*.	Ferien; Feiertage
ferīre, —, — (*kurzes* e)	schlagen; treffen
fermē *Adv*.	fast; ungefähr; beinahe; meistens
ferōx, ferōx, ferōx, *Gen*. ferōcis	wild; trotzig
ferre, ferō, tulī, lātum	tragen; ertragen; bringen; berichten
ferrī (*Pass.*)	getragen werden; berichtet werden; eilen; stürzen
fertur/feruntur *m.* nci	es wird berichtet, dass er/sie; angeblich

ferreus, -a, -um	eisern
ferrum, -ī *n*.	Eisen; Schwert; Waffe [≠ ferus »wild«]
ferus, -a, -um (*kurzes* e)	wild; ungezähmt; grausam
fervēre, ferbuī, —	sieden; aufwallen; glühen [fervēre *klassisch*]
férvere, fervī, —	sieden; aufwallen; glühen [férvere *dichterisch*]
fervidus, -a, -um	siedend; wallend
fessus, -a, -um	müde; erschöpft
festīnāre (*langes* ī)	eilen; rasch handeln; übereilt handeln
fēstus, -a, -um (*langes* ē)	festlich; Fest-…
fībula, -ae *f*.	Spange
fidēlis, -is, -e	treu; zuverlässig; aufrichtig
fīdere, fīdō, fīsus sum	vertrauen (*Semideponens*)
fidēs, fídeī *f*. (*kurzes* i)	Treue; Schutz; Vertrauen; Glaubwürdigkeit; Glaube
fidem dare	sein Wort geben
fidem fallere	sein Wort brechen
fidem habēre	Glauben schenken
fidem praestāre/servāre	sein Wort halten; treu bleiben
fidem sequī	Schutz suchen
fīdūcia, -ae *f*.	Vertrauen; Zuversicht
fīdus, -a, -um	treu; zuverlässig
fierī, fīō, factus sum	werden; geschehen; gemacht werden
fit ut *m. Konj.*	es geschieht, dass
fierī potest ut *m. Konj.*	es ist möglich, dass; möglicherweise
figere, fīxī, fīxum	anheften, befestigen, einschlagen [→ fixieren]
figūra, -ae *f*. (*kurzes* i)	Gestalt; Figur; Gebilde
fīlia, -ae *f*.	Tochter [→ Filiale]
fīlius, fīliī *m*.	Sohn
fingere, fīnxī, fictum	gestalten; bilden; sich *etw.* ausdenken; *etw.* heucheln
fīnīre	begrenzen; beenden
fīnis, fīnis *m*. (*selten f.*) (*gem. Dekl.*)	Grenze; Ende; Ziel [→ Finale]
fīnēs, fīnium *Pl. m.*	Gebiet
fīnem dīcendī facere	die Rede beenden
fīnitimus, -a, -um (*zweites* i *kurz*)	benachbart
fīnitimus, -ī *m*.	Nachbar [fīnis]
firmāre	kräftigen; stärken; ermutigen; sichern [fīr-?]
firmus, -a, -um	stark; fest; sicher; zuverlässig [fīr-?]
flāgitāre (*kurzes* i)	(leidenschaftlich) fordern; verlangen
flāgitiōsus, -a, -um (*kurzes* i)	schändlich
flāgitium, flāgitiī *n*. (*kurzes* i)	Schandtat; Untat; Niederträchtigkeit (≠ Niedertracht)
flagrāre (*erstes* a *kurz*)	flackern; brennen; lodern [→ jdn. in flagranti ertappen]
flamma, -ae *f*.	Flamme; Feuer; Glut
flectere, flexī, flexum	biegen; beugen; wenden; umstimmen; rühren; lenken
flēre, flēvī, flētum	weinen; beklagen
flētus, flētūs *m*.	Weinen; Wehklagen

flōrēre, flōruī, —	blühen; mächtig sein; sich auszeichnen [flōs]
flōs, flōris *m.*	Blume; Blüte
flūctus, flūctūs *m.* (*langes* ū)	Woge; Flut; Strömung; Fluss (*i. S. v.* Fließen)
fluere, flūxī, (flūxum) (ŭ *bzw.* ū)	fließen [flŭxī, flŭxum?]
flūmen, flūminis *n.*	Fluss; Strom
fluvius, fluviī *m.* (*kurzes* u)	Fluss
focus, -ī *m.* (*kurzes* o)	Herd
foedus, -a, -um	hässlich; scheußlich; abstoßend
foedus, foederis *n.*	Bündnis; Vertrag [→ Föderalismus]
foedus īcere	ein Bündnis schließen
folium, foliī *n.* (*kurzes* o)	Blatt
fōns, fontis *m.* (*gem. Dekl.*) (*langes* ō)	Quelle; Ursprung [→ Font]
forās *Adv.* (*kurzes* o)	heraus; hinaus [*erstarrter Richtungsakkusativ*]
fore	= futūrum (-am/-um/-ōs/-ās/-a) esse
foret	= esset
forēnsis, -is, -e (*kurzes* o, *langes* ē)	öffentlich; gerichtlich; rhetorisch
foris, foris *f.* (*gem. Dekl.*)	Türflügel
forēs, forium *Pl. f.*	(doppelflüglige) Tür (*Sg.*); Eingang (*Sg.*)
forīs *Adv.*	draußen; außerhalb Roms; im Krieg [*erstarrter Lokativ*]
fōrma, -ae *f.* (*langes* ō)	Form; Gestalt; Schönheit
fōrmāre (*langes* ō)	gestalten; bilden
formīca, -ae *f.*	Ameise
formīdō, formīdinis *f.* (*m. Gen.*)	Entsetzen (vor *etw.*)
fōrmōsus, -a, -um (*langes* ō)	schön; wohlgestaltet [*auch* fōrmōnsus *geschrieben*]
fors, fortis *f.*	Zufall; Schicksal
fortasse *Adv.*	vielleicht [fortā-?]
forte *Adv.*	zufällig; etwa
fortis, -is, -e	stark; tapfer; tüchtig; energisch
fortiter *Adv.*	kräftig; tapfer; tüchtig; energisch
fortitūdō, fortitūdinis *f.*	innere Stärke; Tapferkeit; Mut; Unerschrockenheit
fortuītus, -a, -um	zufällig
fortuīta, fortuītōrum *Pl. n.*	das Zufällige (*Sg.*)
fortūna, -ae *f.*	Schicksal; Glück; glücklicher Zufall
fortūnae, fortūnārum *Pl. f.*	Besitz (*Sg.*); Vermögen (*Sg.*); Hab und Gut
fortūnātus, -a, -um	beglückt; glücklich; begütert
forum, -ī *n.* (*kurzes* o)	Markt; Marktplatz; Forum
forum Rōmānum	das Forum Romanum
fossa, -ae *f.*	Graben [→ Fossil]
fovēre, fōvī, fōtum (*kurzes* o)	wärmen; hegen; begünstigen
frágilis, -is, -e (*Betonung!*)	zerbrechlich [→ fragil]
fragor, fragōris *m.* (*kurzes* a)	Bersten; Krachen
frangere, frēgī, frāctum	zerbrechen (*transitiv:* etwas kaputt machen)
frangī, frangor, frāctus sum	zerbrechen (*intransitiv:* kaputtgehen)
frāter, frātris *m.*	Bruder

fraudāre	betrügen
fraus, fraudis *f.*	Betrug; Schaden
fremere, fremuī, (fremitum)	brausen; tosen; lärmen; murren
frequēns, -ns, -ns, *Gen.* frequentis	häufig; zahlreich; vollzählig [→ Frequenz]
frīgidus, -a, -um	kalt; kühl; frostig; langweilig
frīgus, frīgoris *n.*	Kälte; Frost [→ *engl.* refrigerator]
frōns, frondis *f.* (*gem. Dekl.*)	Laub [≠ frōns, frontis *f.* »Stirn«]
frōns, frontis *f.* (*selten m.*) (*gem. Dekl.*)	Stirn; Vorderseite [≠ frōns, frondis *f.* »Laub«; → Front]
frūctus, frūctūs *m.* (*langes* ū)	Ertrag; Nutzen; Erfolg; Frucht
frūgēs, frūgum *Pl. f.*	Feldfrüchte; Nutzen (*Sg.*)
fruī, fruor, frūctus/fruitus sum *m. Abl.*	*etw.* genießen; sich *einer Sache* erfreuen (*PFA* fruitūrus)
frūmentārī, frūmentor, -ātus sum	Getreide holen; Proviant verschaffen
frūmentārius, -a, -um	das Getreide betreffend; Getreide-…
frūmentum, -ī *n.*	Getreide; Weizen; Nahrungsmittel
frūstrā *Adv.* (*langes* ū)	vergeblich; umsonst [→ frustriert]
frūstrārī, frūstror, frūstrātus sum	täuschen
fuga, -ae *f.* (*kurzes* u)	Flucht
in fugam dare	in die Flucht schlagen
ex fugā	auf der Flucht
fugāre (*kurzes* u)	verjagen; in die Flucht schlagen
fugere, fugiō, fūgī, (fugitūrus)	fliehen; flüchten; meiden (*kurzes* u)
m. Akk.	vor *jdm.* fliehen; *etw.* vermeiden; *jdm.* entgehen
fugitīvus, -a, -um (*kurzes* u)	flüchtig; entlaufen [fugere]
fugitīvus, -ī *m.*	Flüchtling
fulmen, fúlminis *n.*	Blitz; Blitzschlag
fundāmentum, -ī *n.* (*langes* ā)	Grund; Grundlage
fundāmentum iacere	ein Fundament legen
fundere, fūdī, fūsum	gießen; vergießen; zerstreuen; in die Flucht schlagen
fúnditor, funditōris *m.*	Schleuderer
fundus, -ī *m.*	Boden; Grundstück; Landgut
fungī, fungor, fūnctus sum *m. Abl.*	*etw.* verwalten; *etw.* ausüben; *etw.* verrichten
fūnus, fūneris *n.*	Bestattung; Untergang; Tod
fūr, fūris *m.*	Dieb
furere, —, — (*kurzes* u)	rasen; umherwüten; verrückt sein
furor, furōris *m.* (*kurzes* u)	Wut; Raserei; Wahnsinn; Aufregung; Zorn [→ Furie]
fūrtum, -ī *n.* (*langes* ū)	Diebstahl; Hinterlist
futūrum esse (*erstes* u *kurz*)	*Inf. Fut. Akt. v.* esse *u. v.* fierī
futūrum est ut *m. Konj.*	es wird dahin kommen, dass
futūrus, -a, -um (*erstes* u *kurz*)	zukünftig; künftig

G

gallus, -ī *m.*	Hahn
gaudēre, gaudeō, gāvīsus sum *m. Abl.*	sich über *etw.* freuen (*Semideponens*)

gaudium, gaudiī *n*.	(innere) Freude
gelidus, -a, -um (*kurzes* e)	eiskalt; kühl
gemere, gemuī, gemitum (*kurzes* e)	stöhnen; seufzen
geminus, -a, -um (*kurzes* e)	doppelt
geminī, geminōrum *Pl. m.*	Zwillinge
gemitus, gemitūs *m.* (*kurzes* e)	Seufzen; Stöhnen; Traurigkeit
gener, generī *m.* (*kurzes* e)	Schwiegersohn
generāre (*kurzes* e)	erzeugen; erschaffen
genius, geniī *m.* (*kurzes* e)	Geist; Schutzgeist
gēns, gentis *f.* (*gem. Dekl.*)	Volk; Stamm; vornehme Familie; Familienverband
genus, géneris *n.* (*kurzes* e)	Geschlecht; Abstammung; Gattung; Art
genus dīcendī	Stilart; Stilniveau; Redegattung (≈ genus causārum)
gerere, gessī, gestum (*kurzes* e)	tragen; führen; ausführen [→ Geste]
sē gerere	sich verhalten; sich *als jd.* aufführen
rem gerere	die Sache austragen; kämpfen
geritur / gestum est	es geschieht / es geschah
gignere, genuī, genitum	erzeugen; gebären; hervorbringen; schaffen [gīgn-?]
gladiātor, gladiātōris *m.* (*erstes* a *kurz*)	Gladiator
gladius, gladiī *m.* (*kurzes* a)	Schwert
globus, -ī *m.* (*kurzes* o)	Kugel; Ball; Schwarm
glōria, -ae *f.*	Ruhm; Ehre
glōriārī, glōrior, glōriātus sum	sich rühmen; prahlen
gradī, gradior, gressus sum (*kurzes* a)	schreiten
gradus, gradūs *m.* (*kurzes* a)	Schritt; Stufe; Rang
Graecus, -a, -um	griechisch
Graecus, -ī *m.*	Grieche
grandis, -is, -e	groß; großartig; bedeutend; alt
grātia, -ae *f.*	Dank; Ansehen; Beliebtheit; Gefälligkeit; Gunst; Gnade
grātiās agere	(*mit Worten*) danken
grātiam habēre	(*in seiner inneren Einstellung*) danken; dankbar sein
grātiam referre	(*mit Taten*) danken
grātiā *m. Gen.*	wegen *m. Gen.* [→ e. g. = exemplī grātiā = z. B.]
grātīs *Adv.* (*langes* ī)	umsonst; ohne Gegenleistung
grātuītō *Adv.*	unentgeltlich; umsonst
grātulārī, grātulor, grātulātus sum	gratulieren; Glück wünschen
grātus, -a, -um	angenehm; dankbar; beliebt; willkommen
gravis, -is, -e (*kurzes* a)	schwer; ernst; wichtig; gewichtig [→ Gravitation]
gravitās, gravitātis *f.* (*kurzes* a)	Schwere; Ernst; Würde; Gewicht
graviter *Adv.* (*kurzes* a)	schwer
graviter ferre	übel nehmen
gremium, gremiī *n.* (*kurzes* e)	Schoß
grex, gregis *m.*	Herde; Rudel; Menschenmenge
gubernāre (*kurzes* u)	steuern; lenken
gustāre	kosten; verkosten; genießen [gū-?]

39

H

habēna, -ae f. (*kurzes* a)	Zügel; Zügelung
habēre, habuī, habitum (*kurzes* a)	haben; *jdn.* für *etw.* halten; *etw.* aushalten
fidem habēre	Glauben schenken
grātiam habēre	(*in seiner inneren Einstellung*) danken
in numerō habēre *m. Gen.*	zu *etw.* zählen
habitāre (*kurzes* a, *kurzes* i)	wohnen; bewohnen
habitus, habitūs *m.*	Haltung; Zustand; Aussehen; Kleidung
hāctenus *Adv.*	soweit
haerēre, haesī, haesum	hängen; stecken bleiben [→ Ko-härenz]
harēna/arēna, -ae f.	Sand; Kampfbahn; Sandplatz
hasta, -ae f.	Lanze; Spieß
haud *Adv.*	nicht; nicht gerade
haurīre, hausī, haustum	schöpfen; trinken; kosten
herba, -ae f.	Gras; Pflanze; Kraut
hercle	beim Herkules!
hērēditās, hērēditātis f.	Erbschaft
hērēs, hērēdis *m.*	der Erbe [≠ das Erbe]
herī *Adv.* (*kurzes* e)	gestern
hībernus, -a, -um	winterlich; Winter-…
hīberna, hībernōrum *Pl. n.*	Winterlager (*Sg.*)
hic, haec, hoc, *Gen.* huius	dieser (hier) (*räuml. oder gedankl. nahe beim Sprecher*)
vor einem Doppelpunkt	folgender
haec, hōrum *Pl. n.*	dieses (*Sg.*), Folgendes (*Sg.*)
hīc *Adv.*	hier
hiemāre (*kurzes* i, *kurzes* e)	überwintern
hiems, hiemis f. (*kurzes* i, *kurzes* e)	Winter
hílaris, -is, -e	heiter; vergnügt
hinc *Adv.*	von hier; hier
historia, -ae f. (*kurzes* o)	Forschung; Geschichtsschreibung; Geschichte
hodiē *Adv.* (*kurzes* o)	heute
hodiernus, -a, -um (*kurzes* o)	heutig
homō, hominis *m.* (*erstes* o *kurz*)	Mensch; Mann
honestās, honestātis f. (*kurzes* o)	Ehrenhaftigkeit; Anstand
honestus, -a, -um (*kurzes* o)	ehrenhaft; angesehen; anständig; tugendhaft
honestum, -ī *n.*	das moralisch Gute (*philos. Fachbegriff*)
honōrāre	ehren
honōs, honōris *m.* / honor, honōris *m.*	Ehre; Ehrenamt; Ehrung [→ Honorar]
honōrī (*Dat. fin.*) esse *m. Dat.*	*jdm.* zur Ehre gereichen; *jdm.* Ehre einbringen; *jdn.* ehren
hōra, -ae f.	Stunde; Zeit [→ h = *Abkürzung für* Stunde]
horrēre, horruī, —	sich entsetzen; *etw.* verabscheuen; vor *etw.* starren
horreum, horreī *n.*	Scheune
horribilis, -is, -e (*kurzes* i)	entsetzlich; grauenhaft; schrecklich
horridus, -a, -um	starrend; rau; abstoßend

horror, horrōris *m.*	Starren; Entsetzen
hortārī, hortor, hortātus sum	auffordern; ermahnen
hortus, -ī *m.*	Garten
hospes, hóspitis *m.* (*kurzes* e)	Gast; Gastfreund; Gastgeber; Fremder [→ Hospital]
hospitium, hospitiī *n.* (*kurzes* i)	Gastfreundschaft; Herberge [→ Hospiz]
hostis, hostis *m.* (*gem. Dekl.*)	Feind; Landesfeind; Staatsfeind
hostibus bellum īnferre	die Feinde (in ihrem Land) angreifen
hūc *Adv.*	hierher
huiusce modī	dieser Art
hūmānitās, hūmānitātis *f.*	Menschlichkeit; Freundlichkeit; Bildung
hūmānus, -a, -um	menschlich; freundlich; gebildet; zivilisiert
humāre (*kurzes* u)	beerdigen
humī *Adv.* (*kurzes* u)	am Boden [*alter Lokativ*]
humilis, -is, -e (*kurzes* u)	(*räuml.*) niedrig; (*sozial*) gering
humilis, humilis *m.*	»einfacher Mann«
hūmor, hūmōris *m.*	Feuchtigkeit; Flüssigkeit
humus, humī *f.* (!) (*kurzes* u)	Erdboden; Erde [→ exhumieren]

I

iacēre, iacuī, (iacitūrus)	liegen [≠ iacere »werfen; schleudern«]
iácere, iaciō, iēcī, iactum	werfen; schleudern [≠ iacēre »liegen«]
iactāre	werfen; schleudern; schütteln [*Intensivum zu* iacere]
sē iactāre	sich brüsten; prahlen
iactātiō, iactātiōnis *f.*	das Wanken; Schwanken; Rastlosigkeit; Prahlerei
iactūra, -ae *f.*	Verlust; Opfer
iam *Adv.*	schon; nun; jetzt; gleich
nōn iam	nicht mehr
iam prīdem *Adv.*	schon längst
iānua, -ae *f.*	Tür; Eingang
ibī/ibi *Adv.*	dort; da
īcere, īcō, īcī, ictum	stoßen; treffen [*Präsens in falscher Analogie zu* iacere *auch* īciō]
foedus īcere	ein Bündnis schließen
ictus, ictūs *m.*	Stich; Hieb; Stoß; Schlag; Wurf
idcircō *Adv.*	darum; deshalb
īdem, éadem, ĭdem, *Gen.* eiusdem	derselbe; der gleiche [→ identisch]
īdem atque / īdem quī	derselbe wie
ideō *Adv.* (*kurzes* i)	deshalb
idōneus, -a, -um (*m. Dat.*) (*kurzes* i)	geeignet (für *etw.*)
Īdūs, Īduum *Pl. f.*	die Iden (13. bzw. 15. Tag des Monats)
igitur (*nachgestellt*) (*kurzes* i)	also; folglich
īgnārus, -a, -um (*m. Gen.*)	unwissend; ohne Kenntnis (*einer Sache*); unbekannt
īgnāvia, -ae *f.*	Trägheit; Faulheit; Passivität
īgnāvus, -a, -um	träge; faul; passiv; feige

igneus, -a, -um	feurig [īgn-?]
ignis, ignis *m. (gem. Dekl.)*	Feuer; Brand [īgn-?]
īgnōbilis, -is, -e	unbekannt; *(sozial)* niedrig
īgnōbilitās, īgnōbilitātis *f.*	niedriger Stand
īgnōminia, -ae *f. (zweites* i *kurz)*	Schimpf; Schande
īgnōrantia, -ae *f.*	*(selbstverschuldete)* Unwissenheit
īgnōrāre	nicht kennen; nicht wissen [→ Ignorant]
nōn īgnōrāre	genau kennen; genau wissen
īgnōrātiō, īgnōrātiōnis *f.*	Unkenntnis
īgnōscere, īgnōvī, īgnōtum *m. Dat.*	*jdm.* verzeihen
īgnōtus, -a, -um	unbekannt
ille, illa, illud, Gen. illīus	jener (dort); der dort; jener berühmte *(räuml. oder gedankl. fern vom Sprecher; oft aufwertend)*
illīc *Adv.*	dort; da
illinc *Adv.*	von dort; da
illō *Adv.*	dorthin
illūc *Adv.*	dorthin
illūdere, illūsī, illūsum	verspotten
illūstrāre *(langes* ū*)*	erhellen; verschönern; berühmt machen [lūx]
illūstris, -is, -e *(langes* ū*)*	klar; hell; berühmt; glänzend; ausgezeichnet; vornehm
imāgō, imāginis *f. (kurzes* i*)*	Bild; Abbild [→ imaginär]
imbēcillus, -a, -um	schwach; beeinflussbar
imbellis, -is, -e	unkriegerisch; friedlich
imber, imbris *m. (gem. Dekl.)*	Regen; Regenwasser; Regenguss
imitārī, imitor, imitātus sum	nachahmen *(erstes* i *kurz)* [→ imitieren]
immānis, -is, -e	ungeheuerlich; entsetzlich; riesig [altlat. mānus »gut«]
immātūrus, -a, -um *(langes* ā*)*	unreif; unzeitig; zu früh
immēnsus, -a, -um *(langes* ē*)*	unermesslich groß; riesig
imminēre, —, — *(kurzes* i*)*	drohen; bevorstehen; über *etw.* hereinragen
imminuere, imminuī, imminūtum	einschränken *(kurzes* i, *kurzes* u*)*
immō / immō vērō	nein, im Gegenteil; nein, vielmehr; ja sogar
immoderātus, -a, -um *(kurzes* o*)*	maßlos
immolāre *(kurzes* o*)*	opfern
immortālis, -is, -e	unsterblich; unvergänglich
immortālitās, immortālitātis *f.*	Unsterblichkeit
immūnitās, immūnitātis *f.*	Freiheit von Dienstleistungen; Abgabenfreiheit
immūtāre	verändern
imparātus, -a, -um *(erstes* a *kurz)*	unvorbereitet; nicht gerüstet
impedīmentum, -ī *n. (kurzes* e*)*	Hindernis
impedīmenta, -ōrum *Pl. n.*	Gepäck *(Sg.)*; Tross *(Sg.)*
impedīre *(kurzes* e*)*	hindern; behindern; verhindern [in pedem »auf den Fuß«]
impedītus, -a, -um *(kurzes* e*)*	bepackt; behindert; nicht kampfbereit
impellere, impulī, impulsum	anstoßen; antreiben; veranlassen [→ Impuls]
impéndere, impendī, impēnsum	aufwenden; verwenden; ausgeben

impendēre, —, —	darüberhängen; bevorstehen; drohen
imperāre	befehlen; auftragen; beherrschen; Kaiser sein
imperāre *m. Dat. u. Akk.*	*jdm. etw.* abverlangen; von *jdm. etw.* anfordern
imperātor, imperātōris *m.*	Feldherr; Befehlshaber; Herrscher; Kaiser
imperātum, -ī *n.*	Befehl
imperāta facere	Befehle ausführen
imperītus, -a, -um *m. Gen.*	in *einer Sache* unerfahren; *einer Sache* unkundig
imperium, imperiī *n.* (*kurzes* e)	Befehl; Befehlsgewalt; Herrschaft; Reich
summa imperiī	Oberbefehl
impetrāre (*kurzes* e)	(durch Bitten) erlangen; durchsetzen
impetus, impetūs *m.* (*kurzes* e)	Angriff; Antrieb; Überfall; Schwung; Wucht [petere]
ímpiger, impigra, impigrum (*kurzes* i)	unverdrossen
impius, -a, -um (*kurzes* i)	gottlos; gewissenlos; frevelhaft; pflichtvergessen; moralisch verwerflich
implēre, implēvī, implētum	anfüllen; erfüllen; befriedigen
implōrāre	*jdn.* anflehen; *etw.* erflehen
impōnere, imposuī, impositum	einsetzen; auferlegen; auf *etw.* setzen/legen
importāre	einführen
impotēns, -ns, -ns, *Gen.* impotentis	unbeherrscht; maßlos; machtlos
imprimere, impressī, impressum	hineindrücken; aufdrücken [premere]
imprīmīs *Adv.*	in erster Linie; vor allem; besonders [< in prīmīs]
improbitās, improbitātis *f.* (*kurzes* o)	Unredlichkeit; Bösartigkeit
ímprobus, -a, -um (*kurzes* o)	unredlich; schlecht; unanständig; bösartig; unverschämt
imprōvīsō *Adv.*	unvorhergesehenerweise
imprōvīsus, -a, -um	unvorhergesehen
imprūdēns, -ns, -ns, *Gen.* imprūdentis	unwissend; unbesorgt; unklug
imprūdentia, -ae *f.*	Unkenntnis; Unklugheit; Unvorsichtigkeit
impudēns, -ns, -ns, *Gen.* impudentis	unverschämt [pudor; ≠ imprūdēns »unwissend«]
impulsus, impulsūs *m.*	Stoß; Anstoß
impūrus, -a, -um	unrein; schuftig; (moralisch) abscheulich
in *m. Akk.*	in *etw.* hinein (*wohin?*); nach; gegen; zu
m. Abl.	in *etw.* (*wo?*); an; auf; bei
inānis, -is, -e	leer; wertlos; unnütz; unbegründet
incautus, -a, -um	unvorsichtig
incēdere, incessī, incessum	einhergehen; eintreten; eindringen; heranrücken; befallen
incendere, incendī, incēnsum	anzünden; in Brand stecken; anfeuern [≠ incēdere]
incendium, incendiī *n.*	Brand; Feuer
inceptum, -ī *n.*	Vorhaben; Unternehmen [incipere]
incertus, -a, -um	ungewiss; unsicher
inchoāre/incohāre	anfangen; beginnen [lat. Orthographie schwankt]
incidere, íncidī, — (*kurzes* i)	hineinfallen; in *etw.* geraten; sich ereignen [cadere]
incīdere, incīdī, incīsum (*langes* ī)	einschneiden; beschneiden [caedere]
incipere, incipiō, (incēpī), inceptum	anfangen; beginnen [capere; *Perf. klassisch durch* coepī *ersetzt*]

incitāre (*kurzes* i)	antreiben; erregen; aufhetzen
inclūdere, inclūsī, inclūsum	einschließen [claudere; → inklusive]
incognitus, -a, -um	unerkannt; unbekannt [incōgn-? → inkognito]
incohāre/inchoāre (*kurzes* o)	anfangen; beginnen [*lat. Orthographie schwankt*]
íncola, incolae *m.* (!) (*kurzes* o)	Einwohner
incolere, incoluī, incultum (*kurzes* o)	bewohnen; wohnen [colere]
incolumis, -is, -e (*kurzes* o)	heil; unversehrt; unbeschädigt; wohlbehalten
incómmodum, -ī *n.*	Nachteil; Niederlage; Unglück
incómmoda, incommodōrum *Pl. n.*	das Unangenehme (*Sg.*)
incrēdibilis, -is, -e (*kurzes* i)	unglaublich
increpāre, increpuī, increpitum	lärmen; schelten; tadeln
incultus, -a, -um	unbebaut; brachliegend; ungebildet
incumbere, incubuī, incubitum	auf *etw.* verlegen
incurrere, incurrī, incursum	hineinrennen; anstürmen; hineingeraten
incūsāre	beschuldigen [causa]
inde *Adv.*	von dort; daher; deshalb; seitdem; daraufhin
index, índicis *m.*	Angeber; Verräter; Kennzeichen
indicāre (*kurzes* i)	anzeigen; verraten
indīcere, indīxī, indictum	anzeigen; ankündigen; erklären
indicium, indiciī *n.* (*kurzes* i)	Anzeige; Kennzeichen [→ Indiz]
indigēre, indiguī, — *m. Gen. oder Abl.*	*etw.* brauchen; *etw.* nötig haben; *etw.* entbehren
indignārī, indignor, indignātus sum	entrüstet sein [indīgn-?]
indignus, -a, -um *m. Abl.*	*einer Sache* unwürdig [indīgn-?]
indolēs, indolis *f.* (*kurzes* o)	Naturell; Anlage
indūcere, indūxī, inductum	hineinführen; einführen; verleiten
spē inductus	aus Hoffnung (inductus *bleibt unübersetzt*)
induere, induī, indūtum (*kurzes* u)	anziehen; anlegen; bekleiden
indulgēre, indulsī, indultum	nachgeben; willfährig sein; sich gehen lassen
industria, -ae *f.*	Fleiß; Einsatz; Tatendrang [→ Industrie]
inermis, -is, -e	unbewaffnet [arma]
iners, iners, iners, *Gen.* inertis	träge; unnütz; ungeschickt; feige [ars]
inertia, -ae *f.*	Untätigkeit; Trägheit; Ungeschicklichkeit [ars]
inesse, īnsum, (īnfuī), — *m. Dat.*	*jdm.* innewohnen; in *etw.* stecken; sich in *etw.* befinden
īnfāmia, -ae *f.*	Schande; üble Nachrede; schlechter Ruf
īnfāns, īnfantis *m./f.*	kleines Kind [fārī; »das nicht sprechende Wesen«]
īnfectus, -a, -um	ungetan; unvollendet; unausführbar
īnfectā rē	erfolglos; unverrichteter Dinge
īnfēlīx, īnfēlīx, īnfēlīx, *Gen.* īnfēlīcis	unglücklich
īnferus, -a, -um	unterirdisch; der untere
īnferī, īnferōrum *Pl. m.*	Unterirdische; Bewohner der Unterwelt; Unterwelt (*Sg.*)
īnferior, -ior, -ius, *Gen.* īnferiōris	weiter unten; der untere; der niedrigere; der geringere; der schwächere (*Sup.* īnfimus)
īnferre, īnferō, íntulī, illātum	hineintragen; zufügen; bringen; antun
īnfestus, -a, -um (*m. Dat.*) [-fēst-?]	feindlich (*jdm.* gegenüber); feindselig; bedroht; unsicher

44

īnficere, īnficiō, īnfēcī, īnfectum	benetzen; vergiften [→ Infektion]
īnfīdus, -a, -um	untreu
īnfīgere, īnfīxī, īnfīxum	hineinstoßen; einprägen
īnfimus, -a, -um (*zweites i kurz*)	der unterste; der niedrigste; der schwächste
īnfīnītus, -a, -um	unendlich; unbestimmt [→ Infinitiv]
īnfirmitās, īnfirmitātis *f.*	Schwäche [-fīr-?]
īnfirmus, -a, -um	unsicher; geschwächt; krank [-fīr-? ≠ īnfimus »der unterste«]
īnflammāre	entflammen; anzünden
īnfluere, īnflūxī, īnflūxum (ŭ bzw. ū)	hineinströmen; einmünden [īnflŭxī, īnflŭxum?]
īnfrā *m. Akk.*	unterhalb von *etw.*
ingenium, ingeniī *n.* (*kurzes* e)	Veranlagung; Begabung; Charakter; Wesen; Geist
ingēns, ingēns, ingēns, *Gen.* ingentis	riesig; ungeheuer; gigantisch
ingenuus, -a, -um (*kurzes* e)	freigeboren; edel
ingenuus, ingenuī *m.*	der Freigeborene
ingrātus, -a, -um	undankbar; unangenehm; unwillkommen
íngredī, ingredior, ingressus sum	hineingehen; betreten; sich auf *etw.* einlassen
inhūmānus, -a, -um	unmenschlich; ungebildet
inicere, iniciō, iniēcī, iniectum	hineinwerfen; anlegen; einflößen; verursachen (iniciō *sprich* injiciō) [iacere]
inimīcitia, -ae *f.* (*viertes i kurz*)	(persönliche) Feindschaft [amīcitia]
inimīcus, -a, -um	feindlich [amīcus]
inimīcus, -ī *m.*	(persönlicher) Feind; Gegner
inīquitās, inīquitātis *f.*	Unrecht; Schwierigkeit [aequitās]
inīquus, -a, -um	ungleich; ungerecht; ungünstig; uneben [aequus]
inīre, íneō, íniī, ínitum	hineingehen; betreten; beginnen; anfangen; antreten
initiō *Adv.* (*kurzes* i)	anfangs
initium, initiī *n.* (*kurzes* i)	Anfang; Eingang [→ Initiative; Initial-zündung]
iniungere, iniūnxī, iniūnctum	anfügen; auferlegen
iniūria, -ae *f.*	Unrecht; Beleidigung; Ungerechtigkeit [iūs]
iniussū *m. Gen.*	ohne *jds.* Befehl; ohne *jds.* Auftrag [iubēre]
iniūstus, -a, -um (*langes* ū)	ungerecht
inm…	→ imm…
innocēns, -ns, -ns, *Gen.* innocentis	unschuldig; untadelig; rechtschaffen
innocentia, -ae *f.* (*kurzes* o)	Rechtschaffenheit; Uneigennützigkeit; Unschuld
innoxius, -a, -um	unschuldig; unbeschwert; arglos
innumerābilis, -is, -e	unzählbar; zahllos [numerus]
inopia, -ae *f.* (*m. Gen.*) (*kurzes* o)	Not; Entbehrung; Mangel (an *etw.*)
inopīnāns, -ns, -ns, *Gen.* inopīnantis	nichts ahnend; ahnungslos
inopīnātus, -a, -um (*kurzes* o)	unvermutet; nichts vermutend
inops, inops, inops, *Gen.* ínopis	mittellos; bedürftig; arm
inp…	→ imp…
inquam, inquis, **inquit**, —, —, inquiunt	sagen [1./2. Pl. *ungebräuchlich*]
inquīrere, inquīsīvī, inquīsītum	untersuchen; prüfen; aufsuchen [quaerere; → Inquisition]
inr…	→ irr…

īnsānābilis, -is, -e	unheilbar
īnsānia, -ae *f.*	Wahnsinn; Verrücktheit; Unvernunft
īnsānus, -a, -um	wahnsinnig; unvernünftig; verrückt
īnsatiābilis, -is, -e (*erstes* a *kurz*)	unersättlich
īnsciēns, -ns, -ns, *Gen.* īnscientis	unwissend; ohne zu wissen
īnscientia, -ae *f.*	Unwissenheit; Unkenntnis
īnscius, -a, -um	unwissend; unkundig
īnscrībere, īnscrīpsī, īnscrīptum	daraufschreiben; einschreiben; zuschreiben; betiteln
īnscrīptiō, īnscrīptiōnis *f.* (*langes* ī)	Inschrift
īnsequī, īnsequor, īnsecūtus sum	unmittelbar folgen; *mit einer Tätigkeit* weitermachen
m. Akk.	jdn. verfolgen; jdm. nachsetzen
īnserere, īnsēvī, īnsitum	einpflanzen; propfen
īnsidiae, īnsidiārum *Pl. f.* (*zweites* i *kurz*)	Falle (*Sg.*); Hinterhalt (*Sg.*); Attentat (*Sg.*)
īnsidiās parāre	eine Falle stellen
īnsīgne, īnsīgnis *n.*	Abzeichen; Kennzeichen [īnsĭgn-?]
īnsīgnis, -is, -e	hervorragend; ausgezeichnet; bedeutend [īnsĭgn-?]
īnsimulāre (*zweites* i *kurz*)	falsch beschuldigen
īnsistere, īnstitī, —	verfolgen; nachsetzen; auf etw. beharren
īnsolēns, -ns, -ns, *Gen.* īnsolentis	ungewohnt; übermäßig; übermütig
m. Gen.	mit *etw.* nicht vertraut; an *etw.* nicht gewöhnt
īnspicere, īnspiciō, īnspexī, īnspectum	hinsehen; besichtigen; hineinschauen [-spēxī?]
īnspīrāre	hineinblasen; einflößen
īnstāre, īnstitī, (īnstātūrus) *m. Dat.*	auf *etw.* eindringen; *jdm.* zusetzen; bevorstehen; drohen
īnstituere, īnstituī, īnstitūtum	einrichten; unterrichten; beginnen; anordnen
īnstitūtum, -ī *n.* (*zweites* i *kurz*)	Einrichtung; Grundsatz; Anordnung
īnstruere, īnstrūxī, īnstrūctum	aufstellen; ausrüsten; unterrichten; unterweisen
īnstrūmentum, -ī *n.*	Werkzeug; Gerät
īnsula, -ae *f.*	Insel; Mietskaserne; Wohnblock
īnsuper *Adv.*	noch dazu; darüber hinaus
īnsuperābilis, -is, -e (*kurzes* u)	unbesiegbar
ínteger, íntegra, íntegrum	unversehrt; vollständig; frisch; unbescholten; anständig
integritās, integritātis *f.* (*kurzes* e)	Unversehrtheit; Redlichkeit
intellegere, intellēxī (!), intellēctum	bemerken; erkennen; einsehen; verstehen [→ Intelligenz]
intemperantia, -ae *f.*	Maßlosigkeit; Zügellosigkeit
intendere, intendī, intentum	anspannen; auf *etw.* richten; *etw.* anstreben [→ intensiv]
intentus, -a, -um	wachsam; aufmerksam
m. Dat.	auf *etw.* bedacht
m. Abl.	mit *etw.* beschäftigt
inter *m. Akk.*	zwischen; unter; während
inter sē	untereinander
intercēdere, intercessī, intercessum	dazwischentreten; inzwischen eintreten; Einspruch erheben
intercipere, intercipiō, -cēpī, -ceptum	(mitten auf dem Weg) wegnehmen
interclūdere, interclūsī, interclūsum	abschneiden; absperren [claudere]

interdīcere, interdīxī, interdictum	untersagen; verbieten
intérdum *Adv.*	manchmal; bisweilen
intéreā *Adv.*	inzwischen; unterdessen
interesse, intérsum, intérfuī, —	dazwischenliegen; dabei sein
m. Dat.	an *etw.* teilnehmen
interest *m. Gen.*	es liegt in *jds.* Interesse; es ist für *jdn.* wichtig
interest inter *m. Akk.*	es besteht ein Unterschied zwischen
interficere, interficiō, -fēcī, -fectum	umbringen; töten; vernichten
intericere, intericiō, -iēcī, -iectum	dazwischenwerfen; dazwischenstellen (intericiō *sprich* interjiciō)
interim *Adv.*	inzwischen; unterdessen
interior, -ior, -ius, *Gen.* interiōris	der innere
Sup. íntimus	der innerste [→ intim]
interīre, intereō, interiī, interitum	untergehen; umkommen; verschwinden
intéritus, intéritūs *m.*	Untergang; Verderben
intermittere, intermīsī, intermissum	unterbrechen; dazwischenlegen; eine Pause machen
internus, -a, -um	der innere
interpellāre	unterbrechen; in die Rede fallen
interpōnere, interposuī, interpositum	dazwischenstellen; einwenden; eintreten lassen
intérpres, intérpretis *m.*	Erklärer; Dolmetscher
interpretārī, interpretor, -ātus sum	auslegen; auffassen; übersetzen [→ Interpretation]
interritus, -a, -um	unerschrocken [terrēre]
interrogāre (*kurzes* o)	fragen
intervallum, -ī *n.*	Zwischenraum; Zwischenzeit [→ Intervall]
intervenīre, intervēnī, interventum	dazwischenkommen
íntimus, -a, -um	der innerste [→ intim]
intrā *m. Akk.*	innerhalb von *etw.*
intrā *Adv.*	innen
intrāre	eintreten; betreten
introīre, intróeō, intróiī, intróitum	hineingehen; eintreten; beginnen
intróitus, intróitūs *m.*	Eingang
intuērī, intúeor, (intúitus sum)	betrachten; anschauen; bedenken [→ Intuition]
intus *Adv.*	im Inneren; innen; nach innen
inūtilis, -is, -e	nutzlos; unnütz; unbrauchbar; schädlich
invādere, invāsī, invāsum	eindringen; hereinbrechen; losgehen; überfallen
invalidus, -a, -um	schwach
invehī, invehor, invectus sum	auf *jdn.* losfahren; schimpfen; schelten [→ Invektive]
invenīre, invēnī, inventum	finden; erfinden [→ Inventur; *engl.* to invent]
investīgāre	aufspüren; ausfindig machen; erkunden; erforschen
inveterāscere, inveterāvī, inveterātum	alt werden; einwurzeln [vetus]
ínvicem *Adv.* / in vicem	im Wechsel; dagegen
invictus, -a, -um	unbesiegt; unbesiegbar [vincere]
invidēre, invīdī, invīsum *m. Dat.*	*jdn.* beneiden; *jdm.* Böses wollen; *jdm. etw.* nicht gönnen
invidia, -ae *f.* (*kurzes* i)	Neid; Eifersucht; Missgunst; Hass; Unbeliebtheit

invidiōsus, -a, -um (*kurzes* i)	neidisch; beneidet; verhasst
ínvidus, -a, -um (*kurzes* i)	neidisch; voll Neid
invīsus, -a, -um	verhasst
invītāre	einladen
invītus, -a, -um	unwillig; ungern
patre invītō (*nom. Abl. abs.*)	gegen den Willen *des Vaters*
invocāre (*kurzes* o)	anrufen; anflehen
iocus, -ī *m.* (*kurzes* o)	Scherz; Spaß; Spiel (*Pl. auch* ioca *n.*)
ipse, ipsa, ipsum, *Gen.* ipsīus	selbst; er selbst; persönlich; eben; genau; gerade
īra, -ae *f.*	Zorn
īram movēre	Zorn erregen
īrācundia, -ae *f.*	Zorn; Jähzorn; Zornesausbruch
īrāscī, īrāscor, īrātus sum	in Zorn geraten; zornig sein
īrātus, -a, -um	zornig
īre, eō, iī, (itum)	gehen
irrīdēre, irrīsī, irrīsum	verspotten; auslachen
írritus, -a, -um	ungültig; vergeblich; erfolglos [ratus »gültig«]
irrumpere, irrūpī, irruptum	einbrechen; einfallen
is, ea, id, *Gen.* eius	der; dieser; er
vor einem Doppelpunkt	folgender
is quī	derjenige, der
ea quae *Pl. n.*	das, was (*Sg.*)
iste, ista, istud, *Gen.* istīus	dieser (da); jener (da) (*räuml. oder gedankl. bei der angesprochenen Person; oft abwertend*)
istīc *Adv.*	dort
istinc *Adv.*	von dort
istūc *Adv.*	dorthin
ita *Adv.* (*kurzes* i)	so
vor einem Doppelpunkt	folgendermaßen; Folgendes
itaque (*kurzes* i)	und so; daher; deshalb; deswegen
item *Adv.* (*kurzes* i)	ebenso; gleichfalls; auch
iter, itíneris *n.* (*kurzes* i)	Weg; Marsch; Reise
iter facere	reisen; marschieren
maximīs itineribus	auf Eilmärschen; in sehr großen Etappen
minōribus itineribus	in kleineren Etappen
iterum *Adv.* (*kurzes* i)	wiederum; noch einmal; zum zweiten Mal
iterum iterumque	immer wieder
iubēre, iussī, iussum	anordnen; auffordern; anfordern
m. aci	*jdm. etw. zu tun* befehlen; *jdn. etw. tun* lassen
iūcundus, -a, -um *m. Dat.*	*jdm.* angenehm; für *jdn.* erfreulich; *jdm.* sympathisch
iūdex, iūdicis *m.*	Richter [iūs; dīcere]
iūdicāre (*kurzes* i)	beurteilen; entscheiden; meinen; als *etw.* ansehen
iūdicium, iūdiciī *n.* (*kurzes* i)	Gericht; Gerichtsverhandlung; Urteil; Urteilsvermögen; Meinung

iugulāre (*kurzes* u)	erwürgen; ermorden
iugum, -ī *n*. (*kurzes* u)	Joch; Bergrücken; Gebirgszug
iūmentum, -ī *n*.	Zugtier; Lasttier
iungere, iūnxī, iūnctum	verbinden; vereinigen; anschließen
iūnior, iūnior, iūnius, *Gen.* iūniōris	der jüngere
Iuppiter, Iovis *m*. (*i. Lat. zwei* p)	Jupiter (= Zeus; *i. Dt. ein* p)
iūrāre (per deōs)	schwören (bei den Göttern) [iūs]
iūrgāre (*langes* ū)	streiten
iūs, iūris *n*.	Recht [→ Jura; Jurist]
iūs iūrandum, iūris iūrandī *n*.	Eid; Schwur
iūre	mit Recht; zu Recht
iussū *m. Gen.*	auf *jds.* Befehl; in *jds.* Auftrag
iussum, -ī *n*.	Befehl
iūstitia, -ae *f.* (*langes* ū, *kurzes* i)	Gerechtigkeit
iūstus, -a, -um (*langes* ū)	gerecht
iuvāre, iūvī, iūtum (*kurzes* u)	unterstützen; erfreuen
iuvat *m. Akk.*	es erfreut *jdn.*; es macht *jdm.* Spaß
iuvenis, -is, -e (*kurzes* u)	jung
iuvenis, iuvenis *m./f.*	junger Mann / junge Frau (*Gen. Pl.* iuvenum)
Komp. iūnior	der jüngere
iuventūs, iuventūtis *f.* (*erstes* u *kurz*)	Jugend (*Sg.*); die jungen Männer (*Pl.*)
iuxtā *m. Akk.*	nahe bei; neben; bei [iūxtă?]

L

lābī, lābor, lāpsus sum	gleiten; fallen [→ labil; Lawine]
labor, labōris *m.* (*kurzes* a)	Arbeit; Mühe; Not; Strapaze [≠ labor »ich gleite«]
labōrāre (*erstes* a *kurz*)	arbeiten; sich bemühen; in Schwierigkeiten sein
labyrinthus, -ī *m.* (*kurzes* a, *kurzes* y)	Labyrinth; Irrgarten
lac, lactis *n.*	Milch
lacerāre (*kurzes* a)	zerreißen; zerfleischen
lacertus, -ī *m.* (*kurzes* a)	Oberarm
lacessere, lacessīvī, lacessītum	reizen; herausfordern
lacrima, -ae *f.*	Träne
lacus, lacūs *m.* (*kurzes* a)	See; Teich [→ Lache; → *engl.* lake]
laedere, laesī, laesum	verletzen; stoßen; beleidigen [→ lädiert]
laetārī, laetor, laetātus sum	sich freuen
laetitia, -ae *f.* (*kurzes* i)	Freude; Fröhlichkeit
laetus, -a, -um	fröhlich; froh
lāmentārī, lāmentor, lāmentātus sum	jammern; bejammern
lāna, lānae *f.*	Wolle
languidus, -a, -um	schlaff; matt; träge
lapis, lápidis *m.*	Stein
lāpsus, lāpsūs *m.* (*langes* ā)	Fall; Sturz; Fehltritt; Versehen [lābī]

largīrī, largior, largītus sum	schenken; reichlich gewähren [lār-?]
largītiō, largītiōnis *f.*	reiche Schenkung; großzügige Spende; Freigebigkeit
largus, -a, -um	freigebig; großzügig [lār-?]
lascīvia, -ae *f.*	Zügellosigkeit; Ausschweifung [→ lasziv]
látebra, -ae *f.*	Schlupfwinkel; Versteck
latēre, latuī, — (*kurzes* a)	verborgen sein; versteckt sein [→ latent]
lātifundium, lātifundiī *n.* (*kurzes* i)	Großgut; großes Landgut
lātitūdō, lātitūdinis *f.* (*kurzes* i)	Breite; Weite
latrō, latrōnis *m.* (*kurzes* a)	Räuber; Bandit
latrōcinium, latrōciniī *n.* (*kurzes* a/i)	Raubzug; Bandenkrieg; Räuberbande
lātus, -a, -um	breit; weit; ausgedehnt [≠ lātus »getragen«; ≠ latus »Seite«]
latus, láteris *n.* (*kurzes* a)	Seite; Flanke [→ bi-lateral; ≠ lātus »breit«; ≠ lātus »getragen«]
laudāre	loben
laurus, laurī *f.* (!)	Lorbeer; Lorbeerbaum
laus, laudis *f.*	Lob; Ruhm; Anerkennung
lautus, -a, -um	gewaschen; sauber
lavāre, lāvī, lautum (*kurzes* a)	waschen; baden
lavārī, lavor, lavātus sum	sich waschen; baden
lēctiō, lēctiōnis *f.* (*langes* ē)	Lesen; Lektüre
lēctitāre (*langes* ē, *kurzes* i)	eifrig lesen; immer wieder lesen [*Intensivum zu* legere]
lēctor, lēctōris *m.* (*langes* ē)	Vorleser; Leser
lectus, -ī *m.* (*kurzes* e)	Bett; Liege; Sofa; Polsterbank [≠ lēctus »gelesen«]
lēctus, -a, -um (*langes* ē)	gelesen; erlesen; ausgezeichnet [≠ lectus »Bett«]
lēgāre (*langes* ē)	bestimmen; vermachen; beauftragen [lēx]
lēgātiō, lēgātiōnis *f.*	Gesandtschaft
lēgātus, -ī *m.*	Gesandter; Unterfeldherr; Legat (*röm. Offizier*)
legere, lēgī, lēctum (ĕ *bzw.* ē)	lesen; vorlesen; sammeln
legiō, legiōnis *f.* (*kurzes* e)	Legion (*ca.* 5000–6000 *Mann*)
legiōnārius, -a, -um (*kurzes* e)	zur Legion gehörig; Legions-…
lēgitimus, -a, -um (*kurzes* i)	gesetzmäßig; rechtmäßig; gerichtlich [lēx]
lēnīre, lēnīvī, lēnītum	lindern; besänftigen (*Perf. auch* lēniī)
lēnis, -is, -e	lind; sanft; mild
lentus, -a, -um	langsam; träge
leō, leōnis *m.* (*kurzes* e)	Löwe
lētum, -ī *n.*	Tod
levāre (*kurzes* e)	erleichtern; heben; stützen [levis]
levis, -is, -e (*kurzes* e)	leicht (*nicht schwer*); geringfügig; unbedeutend
lēvis, -is, -e (*langes* ē)	glatt [≠ levis »leicht«]
levitās, levitātis *f.* (*kurzes* e)	Leichtigkeit; Leichtsinn; Verantwortungslosigkeit
lēx, lēgis *f.* (*langes* ē)	Gesetz; Bedingung [→ legal; Legis-lative]
lēgem ferre	ein Gesetz (zur Abstimmung) einbringen
libellus, -ī *m.* (*kurzes* i)	Büchlein; Verzeichnis; Eingabe; Text [liber]
libēns, libēns, libēns, *Gen.* libentis	gern
libenter *Adv.* (*kurzes* i)	gern

līber, lībera, līberum (*langes* ī)	frei [→ liberal; Libero; ≠ liber »Buch«]
līberī, līberōrum *Pl. m.*	Kinder
liber, librī *m.* (*kurzes* i)	Buch [→ Libretto; ≠ līber »frei«]
līberālis, -is, -e	zu einem freien Mann gehörig; freigebig; vornehm
artēs līberālēs	die (*sieben*) Artes liberales
līberālitās, līberālitātis *f.*	Freigebigkeit
līberāre (*m. Abl. sep.*)	(von *etw.*) befreien
lībertās, lībertātis *f.*	Freiheit
lībertīnus, -ī *m.*	Freigelassener
lībertus, -ī *m.*	Freigelassener
libet, libuit, — (*kurzes* i)	es beliebt; es gefällt; es passt
libīdinōsus, -a, -um (*erstes i kurz*)	zügellos; ausschweifend
libīdō, libīdinis *f.* (*erstes i kurz*)	Lust; Begierde; Wollust; Genusssucht
licentia, -ae *f.* (*kurzes* i)	Freiheit; Zügellosigkeit; Willkür [→ Lizenz]
licet, licuit, licēbit (*kurzes* i)	es ist erlaubt; es ist möglich; man darf [→ Lizenz]
m. Konj.	wenn auch *m. Ind.*; selbst wenn *m. Ind.*
ligāre (*kurzes* i)	binden
ligneus, -a, -um	hölzern [līgn-?]
lignum, -ī *n.*	Holz [līgn-?]
līmen, līminis *n.*	Schwelle; Eingang; Zimmer
līmes, līmitis *m.* (*kurzes* e)	Grenzwall; Grenzweg [→ Limit]
lingua, -ae *f.*	Zunge; Sprache (lin-gua *zweisilbig*) [→ bi-lingual]
linquere, līquī, —	verlassen
līs, lītis *f.* (*gem. Dekl.*)	Streit; Rechtsstreit
littera, -ae *f.*	Buchstabe
litterae, litterārum *Pl. f.*	Brief (*Sg.*); Dokument (*Sg.*); Wissenschaften (*Pl.*); Literatur (*Sg.*)
litterātus, -a, -um	gebildet
lītus, lītoris *n.*	Strand; Küste
loca, locōrum *Pl. n.* (*kurzes* o)	Gelände (*Sg.*); Gegend (*Sg.*)
locāre (*kurzes* o)	aufstellen; setzen [locus]
locō *m. Gen.* (*erstes o kurz*)	anstelle von *jdm.*; als *jd.*
locuplēs, -plēs, -plēs, *Gen.* locuplētis	wohlhabend
locus, -ī *m.* (*kurzes* o)	Ort; Platz; Stelle; Stellung
loca, locōrum *Pl. n.* (!)	Gelände (*Sg.*); Gegend (*Sg.*)
locī nātūra	Beschaffenheit des Geländes
longē *Adv.*	weit; weithin; bei weitem
longē lātēque	weit und breit
longinquus, -a, -um	lang; weit entfernt; langwierig
longitūdō, longitūdinis *f.* (*kurzes* i)	Länge
longus, -a, -um	lang (*räuml.*); langwährend (*zeitl.*); weit
loquāx, loquāx, loquāx, *Gen.* loquācis	geschwätzig
loquī, loquor, locūtus sum (*kurzes* o)	sprechen; reden
lōrīca, -ae *f.*	Panzer; Brustwehr

lūcēre, lūxī, —	leuchten; scheinen [≠ lūgēre »trauern«]
lucrum, -ī n. (*kurzes* u)	Gewinn; Vorteil [→ lukrativ]
lūctus, lūctūs m. (*langes* ū)	Trauer [lūgēre]
lūcus, -ī m.	Hain; Wald
lūdere, lūsī, lūsum	spielen [→ Prä-ludium]
m. Akk.	jdn. necken
lūdibrium, lūdibriī n. (*kurzes* i)	Spielzeug; Gespött
lūdus, -ī m.	Spiel; Wettkampf; Schule
luere, luī, — (*kurzes* u)	büßen; bezahlen
luēs, luis f. (*kurzes* u)	Seuche
lūgēre, lūxī, lūctum	trauern; betrauern; jammern [≠ lūcēre »leuchten«]
lūmen, lūminis n.	Licht; Leuchte; Auge
lūna, -ae f.	Mond
lupa, -ae f. (*kurzes* u)	Wölfin
lupus, -ī m. (*kurzes* u)	Wolf
lūsus, lūsūs m.	Spiel
lūx, lūcis f. (*langes* ū)	Licht [→ Luzi-fer = grch. Phos-phoros = Licht-bringer]
luxuria, -ae f. (*zweites* u *kurz*)	Überfluss; Genusssucht; Verschwendung [lūx-?]
luxus, luxūs m.	Luxus [lūx-?]

M

maerēre, maeruī, —	trauern; betrauern
maeror, maerōris m.	Trauer
maestus, -a, -um	traurig
magis Adv. (*kurzes* a)	mehr; eher; lieber; in höherem Grade
magis magisque	mehr und mehr
eō magis … quod	umso mehr … als
magister, magistrī m. (*kurzes* a)	Lehrer; Meister [→ Meister]
magister equitum	Reiteroberst (*dem Diktator beigegeben*)
magistrātus, magistrātūs m. (*kurzes* a)	Beamter; Amt; Behörde
magnificentia, -ae f. (*kurzes* i)	Großartigkeit; Großzügigkeit; Großtuerei [māgn-?]
magnificus, -a, -um (*kurzes* i)	großartig; großzügig; hochherzig [māgn-?]
magnitūdō, magnitūdinis f. (*kurzes* i)	Größe [māgn-?]
magnopere Adv. / magnō opere	sehr [māgn-?]
magnus, -a, -um	groß; mächtig; bedeutend (*Komp.* māior, *Sup.* maximus) [māgn-?]
magnō cōnstāre	viel kosten; teuer sein
māiestās, māiestātis f.	Größe; Hoheit; Würde
māior, māior, māius, *Gen.* māiōris	größer; bedeutender; älter
māiōrēs, māiōrum *Pl. m.*	Vorfahren
male Adv. (*kurzes* a)	schlecht; schlimm
male est m. Dat.	jdn. geht es schlecht
maledīcere, maledīxī, maledictum	lästern
m. Dat.	jdn. verleumden; jdn. beschimpfen; jdn. schmähen

maledictum, maledictī *n.* (*kurzes* a)	Beschimpfung; Schmähung
maleficium, maleficiī *n.* (*kurzes* a/i)	Übeltat; Übergriff; Verbrechen
malīgnus, -a, -um (*kurzes* a)	boshaft; missgünstig [malĭ-?]
malitia, -ae *f.* (*kurzes* a, *kurzes* i)	Bosheit; Boshaftigkeit
mālle, mālō, māluī, — (*langes* ā)	lieber wollen
mālum, -ī *n.*	Apfel [≠ malum »Übel«]
malus, -a, -um (*kurzes* a)	schlecht; übel; böse (*Komp.* pĕior, *Sup.* pessimus)
malī, malōrum *Pl. m.*	Besitzlose; Aufrührer
malum, -ī *n.* (*kurzes* a)	das Übel (*philos. Fachbegriff*); Leid [≠ mālum »Apfel«]
mancipium, mancipiī *n.* (*kurzes* i)	Eigentum; Sklave [manus, capere]
mandāre	übergeben; auftragen; empfehlen; anvertrauen
sē fugae mandāre	fliehen
mandātum, -ī *n.*	Auftrag; Befehl; Weisung
māne *Adv.*	früh; am Morgen
manēre, mānsī, mānsum (*kurzes* a)	bleiben; erwarten; bevorstehen
manifestus, -a, -um (*kurzes* a)	offenkundig; überführt; ertappt [-fēst-?]
manus, manūs *f.* (!) (*kurzes* a)	Hand; Schar; Gruppe [→ manuell; ≠ altlat. mānus »gut«]
manūs cōnserere	handgemein werden; einen Kampf beginnen
mare, maris *n.* (*kurzes* a)	Meer
terrā marīque	zu Land und zu Wasser
marítimus, -a, -um (*kurzes* a, *kurzes* i)	See-…; Küsten-…
marītus, -ī *m.* (*kurzes* a)	Ehemann
marmor, mármoris *n.* (!)	Marmor
marmóreus, -a, -um (*kurzes* o)	marmorn; aus Marmor
martyr, mártyris *m./f.* (*kurzes* y)	Märtyrer/Märtyrerin
māter, mātris *f.*	Mutter [→ Matrize]
māteria, -ae *f.* (*kurzes* e)	Stoff; Materie; Bauholz; Ursache
mātrimōnium, mātrimōniī *n.* (*kurzes* i)	Ehe
in mātrimōnium dūcere	heiraten (*vom Mann aus gesehen*)
mātrōna, -ae *f.*	verheiratete (*und deshalb* ehrbare) Frau
mātūrāre	reifen; beschleunigen
m. Inf.	sich beeilen, *etw.* zu *tun*; *etw.* rechtzeitig *tun*
mātūrus, -a, -um	reif; zeitig; früh; entschlossen [→ Matura = österr. Abitur]
maximē *Adv.*	am meisten; sehr; besonders [māx-?]
maximus, -a, -um	der größte; der älteste; sehr groß; sehr bedeutend [māx-?]
mē (*Akk.*)	mich (*Akk.*) [mē kann aber auch Abl. sein, dann meistens mit Präp.]
im aci	ich (*i. Lat. Subjektsakk.*); mich (*i. Lat. Akk.-Obj.*)
mē miserum!	ich Armer!
mēcum	mit mir
medērī, medeor, — (*erstes* e *kurz*)	heilen; abhelfen
medicāmentum, -ī *n.* (*kurzes* e, *kurzes* i)	Heilmittel; Zaubermittel
medicīna, -ae *f.* (*kurzes* e, *kurzes* i)	Heilmittel; Medizinstudium
medicus, -ī *m.* (*kurzes* e)	Arzt
mediocris, -is, -e (*kurzes* e, *kurzes* o)	mittelmäßig (*negativer Beiklang*)

meditārī, meditor, meditātus sum	nachdenken; sich vorbereiten
meditātiō, meditātiōnis *f.* (*kurzes* e)	das Nachsinnen (über *etw.*); geistige Vorwegnahme
medium, mediī *n.* (*kurzes* e)	Mitte; Öffentlichkeit
ē/dē mediō tollere	beseitigen; ermorden
medius, -a, -um (*kurzes* e)	der mittlere (*räuml. u. zeitl.*); Mittel-…
mediōs in hostēs	mitten in die Feinde (hinein)
mediā in īnsulā	mitten auf der Insel; in der Inselmitte
in mediā īnsulā	auf der mittleren Insel
melior, melior, melius, Gen. meliōris	besser
melius *Adv.* (*kurzes* e)	besser
membrum, -ī *n.*	Glied; Körperteil
meminisse (*nur Perfektformen*) *m. Gen.*	einer Sache gedenken; sich *einer Sache* erinnern (*Präs.*)
m. aci	daran denken, dass
mementō	gedenke [→ mementō morī]
memor, -or, —, Gen. mémoris *m. Gen.*	einer Sache eingedenk; sich *einer Sache* bewusst; in (ständiger) Erinnerung an *etw.*
memorāre (*kurzes* e, *kurzes* o)	an *etw.* erinnern; *etw.* erwähnen
memoria, -ae *f.* (*kurzes* e, *kurzes* o)	Gedächtnis; Erinnerung; Erwähnung; Kunde
memoriā meā	zu meiner Zeit (*an die ich mich erinnern kann*)
memoria meī (*Gen. obi.*)	die Erinnerung an mich
mēns, mentis *f.* (*gem. Dekl.*)	Geist; Sinn; Verstand; Gedanke; Gesinnung [→ mental]
mēnsa, -ae *f.*	Tisch; Mahlzeit; Essen
mēnsis, mēnsis *m.* (*gem. Dekl.*)	Monat
mēnsūra, -ae *f.*	Maß
mentiō, mentiōnis *f.*	Erwähnung; Erinnerung
mentīrī, mentior, mentītus sum	lügen; sich *etw.* ausdenken [≠ mētīrī »messen«]
mercārī, mercor, mercātus sum	kaufen; handeln
mercātor, mercātōris *m.*	Kaufmann; Händler
mercātūra, -ae *f.*	Handel
mercātūrās facere	Handel treiben
mercēs, mercēdis *f.*	Lohn; Preis; Gewinn
mercēde	gegen Bezahlung
merēre, méruī, méritum (*erstes* e *kurz*)	verdienen; erwerben; sich verdient machen [→ Meriten]
merērī, méreor, méritus sum	verdienen; sich verdient machen [→ Meriten]
mergere, mersī, mersum	eintauchen; versenken; untergehen lassen
merīdiānus, -a, -um	mittäglich; südlich
merīdiēs, merīdiēī *m.*	Mittag; Süden
méritō *Adv.* (*kurzes* e)	verdientermaßen; aus gutem Grund; zu Recht
méritum, -ī *n.* (*kurzes* e)	das Verdienst; Wohltat; Schuld (*in der man steht*)
merus, -a, -um (*kurzes* e)	rein; unvermischt; bloß; alleinig
merx, mercis *f.*	Ware [→ Kom-merz]
mētīrī, mētior, mēnsus sum	messen; zumessen; abmessen; ermessen [≠ mentīrī »lügen«]
metuere, metuī, — (*kurzes* e)	fürchten; sich fürchten
metuere nē *m. Konj.*	fürchten, dass (*ohne dt. Negation!*)

metus, metūs *m.* (*kurzes* e)	Furcht; Besorgnis
meus, -a, -um (*kurzes* e)	mein
meī, meōrum *Pl. m.*	meine Leute; die Meinigen
migrāre (*kurzes* i)	wandern
mihī/mihi	mir; für mich
mīles, mīlitis *m.* (*kurzes* e)	Soldat [→ Militär]
mīlitēs cōnscrībere	Soldaten ausheben
mīlitāre (*zweites* i *kurz*)	Kriegsdienst leisten; Soldat sein; als Soldat dienen
mīlitāris, -is, -e (*zweites* i *kurz*)	militärisch; Kriegs-…
mīlitia, -ae *f.* (*zweites* i *kurz*)	Kriegsdienst [→ Miliz]
mīlle (*Sg.* indekl., *Pl.* mīlia, mīlium)	tausend [→ Meile; Pro-mille; Milli-meter]
mīlle passūs	eine Meile
XXX mīlia passuum	30 Meilen
minae, minārum *Pl. f.* (*kurzes* i)	Drohungen; Zinnen
minārī, minor, minātus sum (*kurzes* i)	drohen
minimē *Adv.* (*kurzes* i)	am wenigsten; keinesfalls; ganz und gar nicht
minimus, -a, -um (*kurzes* i)	der kleinste; der geringste; der jüngste
minister, ministrī *m.* (*kurzes* i)	Diener
ministerium, ministeriī *n.* (*kurzes* i/e)	Dienst; Dienerschaft
ministrāre (*kurzes* i)	bedienen; darreichen
minor, minor, minus, *Gen.* minōris	kleiner; geringer; weniger [→ Minorität]
minuere, minuī, minūtum (*kurzes* i/u)	vermindern; verringern; schmälern [→ Minute]
minuī (*Pass.*)	geringer werden; sich verringern
minus *Adv.* (*kurzes* i)	weniger; nicht besonders
mīrābilis, -is, -e (*zweites* i *kurz*)	wunderbar; erstaunlich
mīrārī, mīror, mīrātus sum	sich wundern; *etw.* bewundern
mīrificus, -a, -um (*zweites* i *kurz*)	wundersam; sonderbar
mīrus, -a, -um	merkwürdig; erstaunlich; wunderbar; sonderbar
miscēre, miscuī, mixtum	mischen; verwirren [→ Mixtur]
miser, misera, miserum (*kurzes* i)	elend; arm; unglücklich; bedauernswert; schlimm
miserābilis, -is, -e (*kurzes* i)	beklagenswert
miserārī, miseror, -ātus sum (*kurzes* i)	beklagen; bejammern; bemitleiden
miserērī, misereor, miséritus sum *m. Gen.*	sich *einer Sache* erbarmen; mit *etw.* Mitleid haben
miseria, -ae *f.* (*kurzes* i, *kurzes* e)	Elend; Unglück [→ Misere]
misericordia, -ae *f.* (*kurzes* i, *kurzes* e)	Mitleid; Erbarmen; Barmherzigkeit
mītis, -is, -e	mild; sanft
mittere, mīsī, missum	schicken; lassen; loslassen; werfen; schießen [→ Mission]
mōbilis, -is, -e (*kurzes* i)	beweglich
moderārī, moderor, moderātus sum	mäßigen; lenken; leiten
moderātiō, moderātiōnis *f.* (*kurzes* o)	Mäßigung; Lenkung; Sebstbeherrschung
moderātus, -a, -um (*kurzes* o)	maßvoll; besonnen
modestia, -ae *f.* (*kurzes* o)	maßvolles Verhalten; Bescheidenheit
modestus, -a, -um (*kurzes* o)	maßvoll; bescheiden
modicus, -a, -um (*kurzes* o)	gemäßigt; maßvoll (*positiver Beiklang*); besonnen

modo *Adv.* (*kurzes* o)	nur; bald; eben erst; eben noch
modo ... modo	manchmal ... manchmal; bald ... bald; mal ... mal
nōn modo ... sed/vērum etiam	nicht nur ... sondern auch
modus, -ī *m.* (*kurzes* o)	Maß; Art und Weise [→ Mode; Modalität]
modō *Graecōrum*	nach Art *der Griechen*
eō modō	auf diese Art und Weise
nūllō modō	auf keine Art und Weise; überhaupt nicht; keineswegs
quōquō modō	auf welche Weise auch immer; auf jede beliebige Weise
moenia, moenium *Pl. n.*	Stadtmauer (*Sg.*); Befestigung (*Sg.*)
mōlēs, mōlis *f.*	Masse; Damm; Anstrengung [→ Mole]
molestē *Adv.* (*kurzes* o)	beschwerlich
molestē ferre	schwer ertragen; übel nehmen; sich ärgern
molestia, -ae *f.* (*kurzes* o)	Unbehagen; Ärger; Kummer; Last
molestus, -a, -um (*kurzes* o)	beschwerlich; lästig [mōlēs]
mōlīrī, mōlior, mōlītus sum	in Bewegung setzen; bewältigen; unternehmen; planen
mollīre	erweichen; auflockern; verweichlichen [mollis]
mollis, -is, -e	weich; mild
mollitia, -ae *f.* (*kurzes* i)	Weichlichkeit; Schwäche
mōmentum, -ī *n.*	Gewicht; Einfluss; Verlauf; Augenblick
mónachus, -ī *m.*	Mönch
monastērium, monastēriī *n.* (*kurzes* o)	Kloster
monēre, mónuī, mónitum (*kurzes* o)	mahnen; ermahnen; erinnern
monēre nē *m. Konj.*	(davor) warnen, *etw. zu tun* (*ohne dt. Negation!*)
mónitus, mónitūs *m.* (*kurzes* o)	Ermahnung; Empfehlung
mōns, montis *m.* (*gem. Dekl.*) (*langes* ō)	Berg
sub monte	am Fuß des Berges
summō in monte	ganz oben auf dem Berg; auf der Bergspitze
in summō monte	auf dem höchsten Berg
mōnstrāre (*langes* ō)	zeigen; lehren
mōnstrum, -ī *n.* (*langes* ō)	Ungeheuer; göttliches Zeichen
monumentum, -ī *n.* (*kurzes* o, *kurzes* u)	Denkmal; Bauwerk; Andenken; Urkunde [monēre]
mora, -ae *f.* (*kurzes* o)	Aufschub; Verzögerung; Verspätung; Zeit(raum)
morārī, moror, -ātus sum (*kurzes* o)	sich aufhalten; (sich) verzögern; *jdn.* aufhalten [≠ morī]
nōn morātus	unverzüglich (*prädikativ*)
morbus, -ī *m.*	Krankheit
mordēre, momordī, morsum	beißen; kränken
morī, morior, mortuus sum	sterben (*PFA* moritūrus) [≠ morārī »sich aufhalten«]
mors, mortis *f.* (*gem. Dekl.*)	Tod [→ Mortalitäts-rate]
mortem obīre	sterben
mortālis, -is, -e	sterblich
mortālēs, mortālium *Pl. m.*	die Menschen
mortuus, -a, -um	gestorben; tot
mortuus, mortuī *m.*	Toter; Leichnam
Caesare mortuō (*nom. Abl. abs.*)	nach *Caesars* Tod

mōs, mōris *m.*	Sitte; Brauch [→ Moral]
mōs māiōrum	Vätersitte; Tradition
mōrēs, mōrum *Pl. m.*	Sitten (*Pl.*); Charakter (*Sg.*)
mōre *m. Gen.*	nach (der) Sitte von *jdm.*
mōtus, mōtūs *m.*	Bewegung; Erregung; Aufruhr
movēre, mōvī, mōtum (*kurzes* o)	bewegen; veranlassen; beeindrucken; rühren
castra movēre	aufbrechen
mox *Adv.*	bald; dann; sogleich
mulíebris, -is, -e (*kurzes* u, *kurzes* i)	weibisch; weiblich; einer Frau
mulier, mulíeris *f.* (*kurzes* u)	Frau
multiplex, -plex, -plex, *Gen.* multíplicis	vielfach; vielfältig; reich gegliedert
multitūdō, multitūdinis *f.* (*kurzes* i)	Menge; Masse; große Zahl
multō *m. Komp.*	viel *m. Komp.* [*eigentl. Abl. mens.:* um vieles]
multum *Adv.*	viel; oft; sehr; intensiv (*Komp.* plūs, *Sup.* plūrimum)
multus, -a, -um	viel; zahlreich
multī, -ae, -a	viele (*Komp.* plūrēs, *Sup.* plūrimī)
multa, multōrum *Pl. n.*	vieles (*Sg.*)
multīs diēbus post	viele Tage später
mundus, -ī *m.*	Welt; Weltall; modische Aufmachung
mūnicipium, mūnicipiī *n.* (*kurzes* i)	Munizipium (*Stadt in Italien oder einer Provinz mit bestimmten Vorrechten wie Selbstverwaltung o. Ä.*)
mūnīmentum, -ī *n.*	Bollwerk; Schutz [≠ monumentum »Denkmal«]
mūnīre	befestigen; schützen [moenia]
mūnītiō, mūnītiōnis *f.*	Befestigung; Schanzarbeit; Bau
mūnus, mūneris *n.*	Amt; Aufgabe; Geschenk; Festspiel
mūnus gladiātōrium	Gladiatorenspiel; Gladiatorenkampf
mūrus, -ī *m.*	Mauer
mūtāre	wechseln; tauschen; verändern; verwandeln
mūtārī, mūtor, mūtātus sum	sich ändern
mūtātiō, mūtātiōnis *f.*	Wechsel; Austausch; Veränderung
mūtus, -a, -um	stumm; lautlos
mūtuus, -a, -um	wechselseitig; geborgt
mystērium, mystēriī *n.* (*kurzes* y)	Geheimnis; Geheimkult

N

nam	denn; nämlich
namque	denn tatsächlich
...-nam	denn; nur; bloß
nancīscī, nancīscor, na(n)ctus sum	bekommen; erlangen; (zufällig) finden; *etw.* antreffen
na(n)ctus, -a, -um *m. Akk.*	nachdem er *etw.* bekommen/gefunden hatte (*prädikativ*)
nārrāre (*langes* ā)	erzählen
nāscī, nāscor, nātus sum (*langes* ā)	geboren werden; entstehen; sich erheben
nāta, -ae *f.*	Tochter

nātālis, -is, -e	Geburts-…
natāre (*erstes a kurz*)	schwimmen
nātiō, nātiōnis *f.*	Volk; Volksstamm; Nation; Herkunft
nātūra, -ae *f.* (*langes ā*)	Natur; Beschaffenheit; Wesen
locī nātūra	Beschaffenheit des Geländes
nātūrālis, -is, -e (*langes ā*)	natürlich; angeboren; leiblich
nātus, -a, -um	geboren
ante/post Chrīstum nātum	vor/nach Christi Geburt
nātus, -ī *m.*	Sohn
nātus, nātūs *m.*	Geburt; Alter
māior nātū	älter (*Abl. lim.*: im Bezug auf das Alter größer)
naufragium, naufragiī *n.* (*kurzes* a)	Schiffbruch
naúfragus, -a, -um (*kurzes* a)	schiffbrüchig
nauta, nautae *m.* (!)	Seemann; Matrose
nāvālis, -is, -e	Schiffs-…; See-…
nāvigāre (*kurzes* i)	zur See fahren; segeln; befahren [→ navigieren]
nāvigium, nāvigiī *n.* (*kurzes* i)	Schiff; Boot; Kahn (*jede Art von Wasserfahrzeug*)
nāvis, nāvis *f.* (*gem. Dekl.*)	Schiff
nāvis onerāria	Lastschiff
nāvēs solvere	die Anker lichten; lossegeln
nē *m. Konj. im GS*	dass nicht; damit nicht
m. Konj. im HS	nicht
timēre nē	fürchten, dass (*ohne dt. Negation!*)
nē quis	dass/damit niemand (sī, nisī, nē *und* num *hauen alle* ali *um*)
nē quid	dass/damit nichts (sī, nisī, nē *und* num *hauen alle* ali *um*)
nē *Mārcus* **quidem**	nicht einmal *Marcus*
…**-ne** *im dir. FS*	*Fragezeichen*
im indir. FS	ob
…-ne … an	ob … oder ob
nebula, -ae *f.* (*kurzes* e)	Nebel
nec	→ neque
necāre (*kurzes* e)	töten; hinrichten
necessāriō *Adv.* (*kurzes* e)	notgedrungen; zwangsläufig
necessārius, -a, -um (*kurzes* e)	notwendig; nahestehend; verwandt; befreundet
necesse *indekl.* (*kurzes* e)	notwendig; unvermeidlich; unumgänglich
necessitās, necessitātis *f.* (*kurzes* e)	Notwendigkeit; Notlage
necessitūdō, necessitūdinis *f.* (*kurzes* e)	Not; Zwangslage; Verwandtschaft; Freundschaft
necne	oder nicht
nefārius, -a, -um (*kurzes* e)	gottlos; frevelhaft; verbrecherisch [fās]
nefās *n.* (*indekl.*) (*kurzes* e)	Frevel; Unrecht [fās]
nefāstus, -a, -um (*kurzes* e)	unheilvoll; verboten; (*für offizielle Handlungen*) gesperrt
negāre (*kurzes* e)	leugnen; verneinen; verweigern; sich weigern
m. aci	sagen, dass … nicht
neglegēns, -ns, -ns, *Gen.* neglegentis	nachlässig

neglegere, neglēxī (!), neglēctum	vernachlässigen; nicht beachten; missachten
negōtium, negōtiī *n.* (*kurzes* e)	Geschäft; Handel; Arbeit; Aufgabe; Angelegenheit
nēmō, *Dat.* nēminī, *Akk.* nēminem	niemand (*Gen./Abl. Sg. durch* nūllīus/nūllō *ersetzt*)
nēmō nisī	niemand außer; nur
nēmō nōn	jeder
nēmō nostrum (*Gen. part.*)	keiner von uns
nempe *Adv.*	freilich; ohnehin; doch; doch wohl
nemus, némoris *n.* (*kurzes* e)	Wald; Park
nepōs, nepōtis *m.* (*kurzes* e, *langes* ō)	Enkel; Neffe
neptis, neptis *f.* (*gem. Dekl.*)	Enkelin; Nichte
nequāquam (*kurzes* e)	in keiner Weise; keinesfalls
neque / *vor Vokalen u.* h: **nec**	und nicht; aber nicht; auch nicht
neque ... neque	weder ... noch
neque ... et	einerseits nicht ... andererseits
neque enim	denn nicht
neque quisquam	und niemand
neque vērō	aber nicht
nēquīquam *Adv.*	vergeblich; unnötigerweise
nequīre, nequeō, nequīvī, — (*kurzes* e)	nicht können; unfähig sein (*Perf. auch* nequiī) [īre]
nervus, -ī *m.*	Sehne; Muskel; Saite
nescīre, nescīvī, nescītum (*kurzes* e)	nicht wissen
nesciō quī / nesciŏquī	irgendein
nesciō quid / nesciŏquid	irgendetwas
nescius, -a, -um *m. Gen.*	*einer Sache* unkundig; über *etw.* im Unklaren; ohne *etw.* zu kennen
neu	→ nēve
neuter, neutra, neutrum, *Gen.* neutrīus	keiner von beiden (ne-u-ter *dreisilbig*)
nēve/neu	und nicht; und damit nicht; und dass nicht
nex, necis *f.*	Mord; gewaltsamer Tod
nī	→ nisī
niger, nigra, nigrum (*kurzes* i)	schwarz; dunkel
nihil (*kurzes* i) / nīl	nichts; in keiner Weise
nihil nisī	(nichts wenn nicht =) nichts außer; nur; lediglich
nihil novī (*Gen. part.*)	nichts Neues
nihilō minus (*kurzes* i)	nichtsdestoweniger
nimbus, -ī *m.*	Wolke
nimis *Adv.* / **nimium** *Adv.* (*kurzes* i)	zu sehr; zu *m. Adj. oder Adv.*; überaus
nimius, -a, -um	zu groß; übermäßig
nisī/nī	falls nicht; wenn nicht; außer
nōn nisī	(nicht wenn nicht =) nur wenn
nēmō nisī	niemand außer; nur
quis nisī?	wer außer?
nītī, nītor, nīxus/nīsus sum	sich anstrengen; sich stemmen
m. Abl. instr.	sich auf *etw.* stützen

nix, nivis *f.* (*gem. Dekl.*)	Schnee
nōbilis, -is, -e (*kurzes* i)	berühmt; angesehen; vornehm; edel; adlig
nōbilitās, nōbilitātis *f.* (*kurzes* i)	Adel (*Personengruppe*); Adel (*Eigenschaft*)
nōbīs (*langes* ī)	uns (*Dat.*); für uns
nōbīscum (*langes* ī)	mit uns
nocēre, nocuī, nocitum (*kurzes* o)	schaden; Unheil anrichten
noctū *Adv.*	bei Nacht; nachts
nocturnus, -a, -um	nächtlich
nōdus, -ī *m.*	Gelenk; Knoten; Verwicklung
nōlle, nōlō, nōluī, —	nicht wollen
nōlī/nōlīte *m. Inf.*	*verneinter Imperativ = Verbot* (z. B. nōlī lacrimāre: weine nicht)
nōmen, nōminis *n.*	Name; Bezeichnung; Ruf
nōmen gentīle	Familienname
nōmināre (*kurzes* i)	nennen; benennen
nōn	nicht
nōn iam *Adv.*	nicht mehr
nōn modo ... sed/vērum etiam	nicht nur ... sondern auch
nōn nisī	(nicht wenn nicht =) nur wenn
nōn sōlum ... sed/vērum etiam	nicht nur ... sondern auch
nōn est quod	es gibt keinen Grund dafür, dass
Nōnae, Nōnārum *Pl. f.*	die Nonen (5. bzw. 7. Tag des Monats)
nōndum *Adv.*	noch nicht
nōnne	etwa nicht (*man erwartet die Antwort:* doch)
nōnnihil	etwas; einiges
nōnnūllī, -ae, -a	einige; manche
nōnnūlla, nōnnūllōrum *Pl. n.*	einiges (*Sg.*); manches (*Sg.*)
nōnnumquam / nōn numquam *Adv.*	manchmal
nōnus, -a, -um	der neunte
nōs	wir (*Nom.*); uns (*Akk.*)
im aci	wir (*i. Lat. Subjektsakk.*); uns (*i. Lat. Akk.-Obj.*)
quis nostrum (*Gen. part.*)	wer von uns
memoria nostrī (*Gen. obi.*)	die Erinnerung an uns
nōscere, nōvī, nōtum (*langes* ō)	kennenlernen; erkennen
nōvisse	(*kennengelernt haben und deshalb jetzt*) kennen; wissen
noster, nostra, nostrum	unser [→ Pater noster]
nostrī, nostrōrum *Pl. m.*	unsere Leute; die Unsrigen
nostrī (*Gen. obi.*) / nostrum (*Gen. part.*)	→ nōs
nota, -ae *f.* (*kurzes* o)	Zeichen; Botschaft [→ Note; Notar]
notābilis, -is, -e (*kurzes* o, *kurzes* i)	bemerkenswert
notāre (*kurzes* o)	kennzeichnen; aufzeichnen; wahrnehmen
nōtus, -a, -um	bekannt
novāre (*kurzes* o)	erneuern; verändern
novem *indekl.* (*kurzes* o)	neun
nōvisse	→ nōscere

novissimus, -a, -um (*kurzes* o)	der letzte; der jüngste; der äußerste
novitās, novitātis *f.* (*kurzes* o)	Neuheit; Neuartigkeit [→ Novität]
novus, -a, -um (*kurzes* o)	neu; neuartig
nox, noctis *f.* (*gem. Dekl.*)	Nacht
prīmā nocte	mit Einbruch der Nacht
multā nocte	noch tief in der Nacht
ad multam noctem	bis tief in die Nacht
noxius, -a, -um	schuldig
nūbere, nūpsī, nūptum *m. Dat.*	heiraten (*von der Frau aus gesehen*) [nŭpt-?]
nūbēs, nūbis *f.* (*gem. Dekl.*)	Wolke
nūdāre	entblößen
m. Abl.	*einer Sache* berauben
nūdus, -a, -um	nackt; unbedeckt; ungedeckt
nūllus, -a, -um, *Gen.* nūllīus, *Dat.* nūllī	kein; keiner (*langes* ū)
num *im dir. FS*	etwa (*man erwartet die Antwort:* nein)
im indir. FS	ob etwa
nūmen, nūminis *n.*	göttlicher Wille; göttliche Macht; Gottheit
numerāre (*kurzes* u)	zählen; berechnen; bezahlen
numerus, -ī *m.* (*kurzes* u)	Zahl; Menge; Versfuß
in numerō habēre *m. Gen.*	zu *etw.* zählen
nummus, -ī *m.*	Münze; *speziell:* Sesterz
nummī, nummōrum *Pl. m.*	Geld (*Sg.*)
numquam *Adv.*	niemals
numquam nōn	immer
nōn numquam / nōnnumquam	manchmal
numquid	ob; ob etwa
nunc *Adv.*	jetzt; nun
nūntiāre (*langes* ū)	melden; verkünden [→ de-nunzieren]
nūntius, nūntiī *m.* (*langes* ū)	Bote; Meldung; Nachricht
nūper *Adv.*	neulich; vor kurzem; kurz zuvor (*zw.* 1 *Std. u.* 20 *J.*)
nūptiae, nūptiārum *Pl. f.*	Hochzeit (*Sg.*) [nŭpt-?]
nusquam *Adv.*	nirgendwo; nirgendwohin [nūs-?]
nūtrīre	nähren; aufziehen; pflegen
nympha, -ae *f.*	Nymphe

O

ō/ōh	oh! ach! was für ein!
ob *m. Akk.*	gegen *etw.* hin; wegen *m. Gen.*
ob eam rem	deswegen
obesse, obsum, obfuī, —	im Wege sein; hinderlich sein; schaden
obf...	→ off...
obicere, obiciō, obiēcī, obiectum	entgegenwerfen; entgegenstellen; vorwerfen (obiciō *sprich* objiciō) [iacere]

61

obīre, óbeō, óbiī, óbitum	entgegengehen; besuchen; unternehmen
mortem obīre	sterben
obligāre (*kurzes* i)	binden; verpflichten
oblītus, -a, -um *m. Gen.*	ohne an *etw.* zu denken [oblīvīscī]
oblīviō, oblīviōnis *f.*	Vergessen; Vergessenheit
oblīvīscī, oblīvīscor, oblītus sum *m. Gen.*	*etw.* vergessen; an *etw.* nicht denken
obnoxius, -a, -um *m. Dat.*	von *jdm.* abhängig; *jdm.* verpflichtet; *jdm.* unterworfen
oboedientia, -ae *f.*	Gehorsam
oboedīre	gehorchen [< *ob-audīre]
obruere, óbruī, óbrutum (*kurzes* u)	überschütten; vergraben; vernichten
obscūrus, -a, -um	dunkel; unklar
obsecrāre (*kurzes* e)	anflehen; bitten; beschwören
obsequium, obsequiī *n.* (*kurzes* e)	Gehorsam; Unterwürfigkeit
observāre	beachten; beobachten; befolgen
obses, obsidis *m./f.* (*kurzes* e)	Geisel
obsidēs dare	Geiseln stellen
obsidēs imperāre	die Stellung von Geiseln befehlen
obsidēre, obsēdī, obsessum (*kurzes* i)	belagern; beherrschen
obsīdere, obsēdī, obsessum (*langes* ī)	besetzen
obsidiō, obsidiōnis *f.* (*kurzes* i)	Belagerung
obsistere, óbstitī, —	sich entgegenstellen; sich widersetzen
obstāre, óbstitī, (obstātūrus) *m. Dat.*	*einer Sache* entgegenstehen; *einer Sache* hinderlich sein; *einer Sache* widersprechen
obstringere, obstrīnxī, obstrictum	binden; verpflichten [-strinxi?]
obstruere, obstrūxī, obstrūctum	verbauen; verrammeln
obtemperāre *m. Dat.*	*jdm.* gehorchen; sich nach *etw.* richten
obtinēre, obtinuī, obtentum	innehaben; (besetzt) halten; bekommen; gewinnen
obviam *Adv.*	entgegen
obviam īre	entgegengehen
obvius, -a, -um	entgegenkommend; im Wege liegend
occāsiō, occāsiōnis *f.*	Gelegenheit; Zufall
occāsus, occāsūs *m.*	Untergang; Westen
occidēns, occidentis *m.* (*kurzes* i)	Sonnenuntergang; Westen [→ Okzident]
occidere, óccidī, occāsum (*kurzes* i)	umkommen; untergehen; sterben [cadere]
occīdere, occīdī, occīsum (*langes* ī)	niederhauen; erschlagen; töten [caedere]
occultāre	verbergen; verstecken
occultē *Adv.*	heimlich; im Verborgenen
occultus, -a, -um	verborgen; geheim; heimlich [→ Okkultismus]
occupāre (*kurzes* u)	besetzen; einnehmen; überfallen; beschäftigen [capere]
occupātiō, occupātiōnis *f.* (*kurzes* u)	Beschäftigung; Besetzung; Inanspruchnahme
occupātus, -a, -um in *m. Abl.*	mit *etw.* beschäftigt
occurrere, occurrī, occursum	entgegenlaufen; begegnen; bekämpfen
ōcéanus, -ī *m.* (*kurzes* e, *kurzes* a)	Ozean
octō *indekl.*	acht

oculus, -ī *m.* (*kurzes* o)	Auge
ōdisse (*nur Perfektformen*)	hassen (*Präs.*) (*PFA* ōsūrus)
odium, odiī *n.* (*m. Gen.*) (*kurzes* o)	Hass (auf *etw.*); Unzufriedenheit (mit *etw.*)
odiō (*Dat. fin.*) esse	verhasst sein
odor, odōris *m.* (*kurzes* o)	Duft; Geruch; Gestank [→ Deodorant]
offendere, offendī, offēnsum	anstoßen; verletzen; beleidigen [→ Offensive]
offēnsiō, offēnsiōnis *f.*	Anstoß; Ärgernis
offēnsus, -a, -um	verhasst
offerre, ófferō, óbtulī, oblātum	anbieten; entgegenbringen [→ Offerte; → Oblate]
officīna, -ae *f.* (*erstes* i *kurz*)	Werkstatt
officium, officiī *n.* (*kurzes* i)	Pflicht; Dienst; Pflichterfüllung; pflichtgemäße Handlung
oleum, oleī *n.* (*kurzes* o)	Öl
ōlim *Adv.*	einst (*in der Vergangenheit*); dereinst (*in der Zukunft*)
ōmen, ōminis *n.*	Vorzeichen; Wahrzeichen
omittere, omīsī, omissum (*kurzes* o)	loslassen; aufgeben; (*in der Rede*) übergehen
omnīnō *Adv.*	überhaupt; völlig; ganz und gar; gänzlich
omnis, -is, -e	jeder; ganz
omnēs, omnium *Pl. m./f.*	alle [→ Omnibus]
omnia quae *Pl. n.*	alles, was (*Sg.*)
ad ūnum omnēs	alle ohne Ausnahme
onerāre (*kurzes* o)	beladen; belasten
onus, óneris *n.* (*kurzes* o)	Last
onustus, -a, -um (*kurzes* o)	beladen; belastet
opera, -ae *f.* (*kurzes* o)	Arbeit; Mühe; Hilfe [≠ opus, operis *n.* »Werk«]
operam dare *m. Dat.*	sich um *etw.* bemühen; für *etw.* sorgen
operae pretium est *m. Inf.*	es ist der Mühe wert, *etw.* zu *tun*; es lohnt sich, *etw.* zu *tun*
operīre, operuī, opertum	bedecken; überschütten; verschließen
opēs (*kurzes* o)	→ ops
opīnārī, opīnor, opīnātus sum	meinen; vermuten
opīniō, opīniōnis *f.* (*erstes* o *kurz*)	Meinung; Mutmaßung; (guter) Ruf
oportet, oportuit, —	es gehört sich; es ist nötig; man soll; man muss
oppidānus, -a, -um (*kurzes* i)	(klein-)städtisch
oppidānus, -ī *m.*	Städter; Einwohner
oppidum, -ī *n.* (*kurzes* i)	Stadt; befestigte Siedlung; Festung
oppōnere, opposuī, oppositum	entgegenstellen
opportūnus, -a, -um	geeignet; günstig; passend [→ opportunistisch]
opprimere, oppressī, oppressum	überfallen; unter Druck setzen; unterdrücken; bedrohen
opprobrium, opprobriī *n.* (*kurzes* o)	Vorwurf; Schande
oppūgnāre	bestürmen; angreifen
oppūgnātiō, oppūgnātiōnis *f.*	Bestürmung; Belagerung
ops, opis *f.*	Kraft; Stärke; Hilfe [≠ opus »Werk«]
opēs, opum *Pl. f.*	Macht (*Sg.*); Machtmittel (*Pl.*); Streitkräfte; Reichtum (*Sg.*)
optāre *m. Akk.-Obj. oder m.* ut-*Satz*	wählen; wünschen

optimātēs, optimatium *Pl. m.* (*kurzes* i)	die Optimaten; Aristokraten
optimē *Adv.* (*kurzes* i)	bestens; sehr gut
optimus, -a, -um (*kurzes* i)	der beste; sehr gut
opulentus, -a, -um (*kurzes* o)	reich; reichlich; üppig; mächtig
opus, óperis *n.* (*kurzes* o)	Arbeit; Mühe; Werk; Befestigung
magnō opere / magnopere	sehr [māgn-?]
tantō opere / tantopere	so sehr
opus est *m. Abl.*	man braucht *etw.*; *etw.* ist nötig
nihil opus est *m. Abl.*	man braucht *etw.* nicht
mihī opus est *m. Abl.*	ich brauche *etw.*
ōra, -ae *f.*	Küste [≠ ōra *poet. Pl. v.* ōs »Mund; Gesicht«]
ōrāculum/ōrāclum, ōrāc(u)lī *n.*	Orakel (*Weisung eines Gottes*); Orakelstätte
ōrāre	bitten; beten; (feierlich) reden
ōrātiō, ōrātiōnis *f.*	Rede
ōrātiōnem habēre	eine Rede halten
ōrātor, ōrātōris *m.*	Redner
orbis, orbis *m.* (*gem. Dekl.*)	Kreis; Erdkreis [→ Orbit]
orbis terrārum	Erdkreis; Welt
ōrdīrī, ōrdior, ōrsus sum (*langes* ō)	beginnen
ōrdō, ōrdinis *m.* (*langes* ō)	Reihe; Ordnung; sozialer Stand; Kollegium; Orden
oriēns, orientis *m.* (*kurzes* o)	Sonnenaufgang; Osten; Orient
orīgō, orīginis *f.* (*kurzes* o)	Herkunft; Ursprung [→ original]
orīrī, orior, ortus sum (*kurzes* o)	entstehen; abstammen; sich erheben [→ Orient]
ōrnāmentum, -ī *n.* (*langes* ō)	Schmuck; Schmuckstück
ōrnāre (*langes* ō)	ausstatten; schmücken; ehren [< *ōrdināre; ōrdō]
ōrnātus, -a, -um (*langes* ō)	geehrt; angesehen
ōrnātus, ōrnātūs *m.* (*langes* ō)	Schmuck; Ausrüstung
ortus, ortūs *m.*	Aufgang; Entstehung
ōs, ōris *n.* (*langes* ō)	Mund; Gesicht
ōra, ōrum *poet. Pl.*	Gesicht (*Sg.*) [≠ ōra »Küste«]
os, ossis *n.* (*gem. Dekl.*) (*kurzes* o)	Knochen
ōsculum, -ī *n.* (*langes* ō)	Kuss; Mündchen
ostendere, ostendī, ostentum	zeigen; erklären; entgegenstrecken; in Aussicht stellen
ostentāre	zeigen; prahlen; in Aussicht stellen
ōstium, ōstiī *n.* (*langes* ō)	Mündung; Eingang
…ōsus, -a, -um	voll von
ōtiōsus, -a, -um	müßig; politisch untätig; wissenschaftlich tätig; sorglos
ōtium, ōtiī *n.*	Otium; freie Zeit; Muße; Ruhe; Frieden
ovis, ovis *f.* (*gem. Dekl.*) (*kurzes* o)	Schaf

P

pābulārī, pābulor, pābulātus sum	Futter holen; furagieren
pābulum, -ī *n.*	Futter

pācāre	zur Ruhe bringen; friedlich machen; unterwerfen [pāx]
pacīscī, pacīscor, pactus sum (*langes* ī)	(vertraglich) übereinkommen; sich ausbedingen
pactiō, pactiōnis *f.* (*kurzes* a)	Übereinkommen; Vertrag [pacīscī]
pactum, -ī *n.* (*kurzes* a)	Verabredung; Übereinkunft [pacīscī]
paene *Adv.*	fast; beinahe
paenitentia, -ae *f.* (*kurzes* i)	Reue
paenitēre, paenituī, — (*kurzes* i)	reuen
paenitet mē *m. Gen.*	ich bereue *etw.*; ich ärgere mich über *etw.*
pāgus, -ī *m.*	Gau; Bezirk; Dorf (*ohne Markt*)
palam *Adv.* (*kurzes* a)	öffentlich; vor aller Augen; bekannt
palūs, palūdis *f.* (*kurzes* a)	Sumpf
pānis, pānis *m.* (*gem. Dekl.*)	Brot
pār, pār, pār, *Gen.* păris	gleich; gleichwertig; ebenbürtig; angemessen
parāre (*erstes* a *kurz*)	bereiten; zubereiten; vorbereiten; bereitstellen
parātus, -a, -um (*erstes* a *kurz*)	bereit; entschlossen; bequem (*i. S. v. leicht zu erreichen*)
párcere, pepercī, (parsūrus) *m. Dat.*	etw./jdn. schonen; auf jdn. Rücksicht nehmen; sparen
parcus, -a, -um	sparsam; zurückhaltend
pārēre, pāruī, (pāritūrus) *m. Dat.*	jdm. gehorchen; sich nach *etw.* richten [≠ párere »gebären«]
párere, pariō, péperī, partum	hervorbringen; gebären; gewinnen; erwerben [≠ pārēre »gehorchen«]
parēns, parentis *m./f.*	Vater/Mutter
parentēs, parentum *Pl. m.*	Eltern (*Gen. Pl. auch* parentium)
paries, paríetis *m.* (*kurzes* a)	Wand [*in der Dichtung auch* pariēs *u.* parjes, parjetis *gesprochen*]
pariter *Adv.* (*kurzes* a)	ebenso; in gleicher Weise; gleichzeitig
parricīda, parricīdae *m.* (!)	(Vater-)Mörder; Hochverräter [caedere]
pars, partis *f.* (*gem. Dekl.*)	Teil; Seite; Richtung [→ Part; partiell]
partēs, partium *Pl. f.*	Parteien (*Pl.*); Partei (*Sg.*)
maximam partem	größtenteils [*Akk. der Ausdehnung*]
parsimōnia, -ae *f.* (*kurzes* i)	Sparsamkeit
particeps, -ceps, -ceps, *Gen.* partícipis	beteiligt; teilnehmend (*Adj. der kons. Dekl.*)
partim *Adv.*	teilweise; zum Teil
partim … partim	teils … teils
partīrī, partior, partītus sum	teilen; einteilen; verteilen
partītus, -a, -um	*PPP meist passiv:* eingeteilt; verteilt
partus, partūs *m.*	Geburt; Ursprung; Leibesfrucht
parum *Adv.* (*kurzes* a)	zu wenig; wenig
parvulus, -a, -um	winzig
parvus, -a, -um	klein (*Komp.* minor, *Sup.* minimus)
parvō cōnstāre	wenig kosten
pāscere, pāvī, pāstum (*langes* ā)	weiden; füttern; nähren
passim *Adv.*	überall
passus, passūs *m.*	Spanne; Doppelschritt (*ca. 1,5 m*) [→ Pass]
mīlle passūs	eine Meile
XXX mīlia passuum	30 Meilen
pāstor, pāstōris *m.* (*langes* ā)	Hirte

patefacere, -faciō, -fēcī, -factum	öffnen; enthüllen; aufdecken; freimachen
patefierī, patefiō, patefactus sum	geöffnet werden; gebahnt werden
pater, patris *m. (kurzes* a)	Vater [→ Patri-arch]
patrēs, patrum *Pl. m.*	Vorfahren; Senatoren
patrēs cōnscrīptī	meine Herren Senatoren (*offizielle Anrede im Senat*)
patēre, patuī, — *(kurzes* a)	offen stehen; sichtbar sein; sich erstrecken
paternus, -a, -um	väterlich; vom Vater
patī, patior, passus sum	leiden; dulden; ertragen; zulassen [→ passiv; Patient]
patiēns, -ns, -ns, *Gen.* patientis	geduldig
m. Gen.	fähig, *etw.* zu ertragen
patientia, -ae *f. (m. Gen.*)	Geduld; Ausdauer; das Ertragen (*einer Sache*)
patria, -ae *f. (kurzes* a)	Vaterland; Heimat [→ Patriotismus]
patricius, -a, -um (*kurzes* a, *kurzes* i)	patrizisch; adlig
patricius, patriciī *m.*	Patrizier
patrius, -a, -um (*kurzes* a)	heimisch; väterlich; traditionell; angestammt
patrōnus, -ī *m. (kurzes* a)	Schutzherr; Patron; Verteidiger
paucī, -ae, -a	wenige; nur wenige
pauca, paucōrum *Pl. n.*	weniges (*Sg.*); nur weniges (*Sg.*)
paucitās, paucitātis *f. (kurzes* i)	geringe Anzahl
paulātim *Adv.*	allmählich
paulō *Adv.*	ein wenig; etwas [*eigentl. Abl. mens.*: um ein Weniges]
paulō ante	kurz zuvor
paulō post	etwas später; kurz darauf
paulum *Adv.*	ein wenig; etwas
pauper, pauper, pauper, *Gen.* pauperis	arm (*eines der wenigen Adjektive der kons. Dekl.*)
paupertās, paupertātis *f.*	Armut
pavēre, pāvī, — *(kurzes* a)	sich ängstigen
pavidus, -a, -um (*kurzes* a)	(sehr) furchtsam; (sehr) ängstlich
pavor, pavōris *m. (kurzes* a)	(große) Furcht; Entsetzen
pāx, pācis *f. (langes* ā)	Friede; Friedensvertrag [→ Pazi-fist; Oro-pax]
pācis causā *venīre*	*kommen*, um über den Frieden zu verhandeln
dē pāce (*Sg.*) mittere/venīre	in Friedensangelegenheiten (*Pl.*) schicken/kommen
peccāre	einen Fehler machen; schuldig werden; sündigen
peccātum, -ī *n.*	Fehler; Vergehen
pectus, péctoris *n.*	Brust; Herz; Seele
pecūnia, -ae *f. (kurzes* e)	Geld; Vermögen
pecus, pécoris *n. (kurzes* e)	Vieh; Weidevieh
pecus, pécudis *f. (kurzes* e)	Kleinvieh (*Schaf, Ziege, Schwein*)
pedes, péditis *m. (kurzes* e)	Fußsoldat; Infanterist
pedester, pedestris, pedestre (*kurzes* e)	zu Fuß; Fuß-…
peditātus, peditātūs *m. (kurzes* e/i)	Fußvolk; Infanterie
pēior, pēior, pēius, *Gen.* pēiōris	schlechter [malus]
pellere, pepulī, pulsum	stoßen; schlagen; vertreiben [→ Puls]
pellis, pellis *f. (gem. Dekl.*)	Fell; Haut

penātēs, penātium *Pl. m.* (*erstes* e *kurz*)	Hausgötter (*Pl.*); Haus (*Sg.*); Heim (*Sg.*) [penes]
pendēre, pependī, —	hängen (*intrans.*); schweben [≠ péndere »aufhängen«]
péndere, pependī, pēnsum	aufhängen; abwiegen; bezahlen [→ Pensum]
magnī/parvī pendere	hoch/gering schätzen [māgn-?]
quicquam/nihil pēnsī habēre	etwas/nichts wichtig nehmen
penes *m. Akk.* (*kurzes* e)	bei; auf Seiten von *etw.*
penetrāre (*kurzes* e)	eindringen; durchdringen [→ penetrant]
penitus *Adv.* (*kurzes* e)	tief hinein; eindringlich; völlig
penna, -ae *f.*	Feder; Gefieder
per *m. Akk.*	durch; über; während
per deōs!	bei den Göttern!
peragere, perēgī, perāctum	durchführen; vollenden
peragrāre (*erstes* a *kurz*)	durchwandern
perangustus, -a, -um	sehr eng
percipere, percipiō, -cēpī, -ceptum	aufnehmen; wahrnehmen; erfassen [capere]
percontārī, percontor, -contārus sum	sich erkundigen; fragen
percurrere, percurrī, percursum	durcheilen (*Perf. auch* percucurrī)
percutere, percutiō, percussī, -cussum	schlagen; totschlagen; stoßen; durchbohren; erschüttern
perdere, pérdidī, pérditum	zugrunde richten; vernichten; verlieren; verschwenden
pérditus, -a, -um	verdorben; vernichtet; verzweifelt
perdūcere, perdūxī, perductum	zu *etw.* bringen; hinführen; leiten; ziehen
peregrīnus, -a, -um (*kurzes* e)	fremd; ausländisch [→ Pilger < *ital.* pellegrino]
perfacilis, -is, -e	sehr leicht
perfectus, -a, -um	vollendet; vollkommen
perferre, pérferō, pértulī, perlātum	durchführen; überbringen; ertragen; berichten
perficere, perficiō, perfēcī, perfectum	vollenden; vollbringen; erledigen; erreichen
perfidia, -ae *f.* (*kurzes* i)	Treulosigkeit; Verrat
pérfidus, -a, -um	treulos; verräterisch
perfodere, perfodiō, perfōdī, -fossum	durchbohren
perfringere, perfrēgī, perfrāctum	zerbrechen; durchhauen
perfugere, perfugiō, perfūgī, —	Zuflucht nehmen; überlaufen
perfugium, perfugiī *n.* (*kurzes* u)	Zuflucht; Zufluchtsstätte
perfungī, perfungor, perfūnctus sum	zu Ende führen; gehörig verrichten; überstehen
pergere, perrēxī, perrēctum	fortsetzen; fortfahren; weitergehen; sich aufmachen
perīclitārī, perīclitor, perīclitātus sum	versuchen; wagen; aufs Spiel setzen
perīculōsus, -a, -um	gefährlich; riskant
perīculum/perīclum, perīc(u)lī *n.*	Gefahr; Risiko; Probe; Prozess
perīculum est nē *m. Konj.*	es besteht die Gefahr, dass (*ohne dt. Negation!*)
perīre, péreō, périī, péritum	zugrunde gehen; umkommen
perītus, -a, -um *m. Gen.*	in *etw.* erfahren; in *etw.* kundig
permagnus, -a, -um	sehr groß; riesig [-māgn-?]
permanēre, permānsī, permānsum	verbleiben; verharren [→ permanent]
permittere, permīsī, permissum	erlauben; zulassen; überlassen
permōtus, -a, -um *m. Abl.*	unter dem Eindruck von *etw.* (*prädikativ*)

permovēre, permōvī, permōtum	beunruhigen; veranlassen; (innerlich) bewegen
permultī, -ae, -a	sehr viele
permulta, permultōrum *Pl. n.*	sehr vieles (*Sg.*)
perniciēs, perniciēī *f.* (*kurzes* i)	Verderben; Untergang
perniciōsus, -a, -um (*kurzes* i)	verderblich
perpaucī, -ae, -a	sehr wenige
perpauca, perpaucōrum *Pl. n.*	sehr weniges (*Sg.*)
pérpetī, perpetior, perpessus sum	erleiden; ertragen [patī]
perpetuus, -a, -um (*kurzes* e)	ununterbrochen; dauerhaft; beständig; ewig
in perpetuum	für immer
perrumpere, perrūpī, perruptum	durchbrechen; durchdringen
perscrībere, perscrīpsī, perscrīptum	genau aufschreiben; (schriftlich) berichten
pérsequī, pérsequor, persecūtus sum	verfolgen; einholen
persevērantia, -ae *f.* (*zweites* e *kurz*)	Beharrlichkeit
persevērāre (*zweites* e *kurz*)	verharren; beharrlich weitermachen; auf *etw.* beharren
persōna, -ae *f.*	Maske; Schauspielerrolle; Person
perspicere, -spiciō, -spexī, -spectum	durchschauen; erkennen; genau betrachten [-spēxī?]
perspicuus, -a, -um (*kurzes* i)	sichtbar; hervorstechend
persuādēre, -suāsī, -suāsum *m. Dat. u. aci*	jdn. (davon) überzeugen, dass (per-suā-dē-re *viersilbig*)
m. Dat. u. ut-*Satz*	jdn. (dazu) überreden, dass; jdn. überreden, *etw.* zu *tun*
mihī persuāsum est *m. aci*	ich bin davon überzeugt, dass
perterrēre, perterruī, perterritum	gewaltig erschrecken; einschüchtern; schockieren
pertimēscere, pertimuī, — (*kurzes* i)	in Furcht geraten; fürchten
pertinācia, -ae *f.* (*kurzes* i)	Hartnäckigkeit; Starrsinn
pertināx, -tināx, -tināx, *Gen.* pertinācis	beharrlich
pertinēre, pertinuī, — ad *m. Akk.*	*etw.* betreffen; sich auf *etw.* erstrecken;
(*kurzes* i)	sich auf *etw.* beziehen; zu *etw.* gehören
perturbāre	(völlig) verwirren; in Unordnung bringen
perturbātiō, perturbātiōnis *f.*	Verwirrung
pervenīre, pervēnī, perventum	gelangen; hinkommen; erreichen
pervertere, pervertī, perversum	umstürzen; verderben
pēs, pedis *m.* (*ab Gen. Sg. kurzes* e)	Fuß [→ Pedal]
pedem referre	sich zurückziehen
pessimus, -a, -um	der schlechteste; der schlimmste; der böseste
pestifer, pestífera, pestíferum	todbringend
pestilentia, -ae *f.* (*kurzes* i)	Seuche; Krankheit
pestis, pestis *f.* (*gem. Dekl.*)	Seuche; Verderben; Unheil
petere, petīvī, petītum	nach *etw.* streben; auf *etw.* losgehen; *etw.* aufsuchen
auxilium petere ā *m. Abl.*	jdn. um Hilfe bitten; bei *jdm.* Hilfe suchen
cōnsulātum petere	sich um den/das Konsulat bewerben
petītiō, petītiōnis *f.*	Bewerbung [petere]
phalanx, phalangis *f.*	Phalanx; Schlachtreihe
philosophārī, -sophor, -sophātus sum	philosophieren
philosophia, -ae *f.* (*kurzes* o)	Philosophie

philosophus, -ī *m.* (*kurzes* o)	Philosoph
pietās, pietātis *f.* (*kurzes* i)	Pflichtgefühl; Pflichterfüllung; Liebe; Frömmigkeit
piger, pigra, pigrum (*kurzes* i)	träge; faul
piget, piguit, — *m. Akk.* (*kurzes* i)	es ärgert *jdn.*; es verdrießt *jdn.*
pignus, pígnoris *n.*	Pfand; Bürgschaft [pīgn-?]
pila, -ae *f.* (*kurzes* i)	Ball; Kugel; Ballspiel [→ Pille]
pīlum, -ī *n.*	Wurfspieß; Speer
pingere, pīnxī, pictum	malen; ausschmücken [→ *engl.* picture]
pinguis, -is, -e	fett; plump (pin-guis *zweisilbig*) [→ Pinguin]
pīrāta, pīrātae *m.* (!)	Seeräuber; Pirat
piscis, piscis *m.* (*gem. Dekl.*)	Fisch
pius, -a, -um (*kurzes* i)	fromm; ehrfürchtig; pflichtbewusst; gewissenhaft
plācāre (*langes* ā)	beruhigen; besänftigen; versöhnen [plānus]
placēre, placuī, placitum (*kurzes* a)	gefallen; Beifall finden
placet *m. Dat.*	*jd.* beschließt
placidus, -a, -um (*kurzes* a)	ruhig; friedlich; sanft [placēre]
placitus, -a, -um (*kurzes* a)	angenehm; beliebt [placēre]
plānē *Adv.*	deutlich; durchaus; geradezu; völlig
plānitiēs, plānitiēī *f.* (*kurzes* i)	Fläche; Ebene [plānus]
plānus, -a, -um	flach; eben; glatt; deutlich [→ Plane]
plaudere, plausī, plausum *m. Dat.*	*jdm.* Beifall klatschen [→ Applaus]
plaustrum, -ī *n.*	Lastwagen
plausus, plausūs *m.*	Beifall; Klatschen
plēbēius, -a, -um	plebejisch; (*sozial*) niedrig
plēbs, plēbis *f.*	Volk; Volksmenge; Pöbel [plēre]
plēnus, -a, -um *m. Gen.*	voll von *etw.*
plērīque, plēraeque, plēraque	die meisten (*adj.*); die meisten (*subst.*)
plēraque, — *Pl. n.*	das meiste (*Sg.*) [*Gen. Pl. durch* plūrimōrum *ersetzt*]
plērumque *Adv.*	meistens; sehr oft
plērusque, plēraque, plērumque	der größte Teil
plūrēs	→ plūs
plūrimī, plūrimae, plūrima	die meisten; sehr viele
plūrima, plūrimōrum *Pl. n.*	das meiste (*Sg.*); sehr viel (*Sg.*)
plūrimum *Adv.*	am meisten; sehr
plūrimum posse	größten Einfluss haben
plūs, plūris *n.*	mehr; ein größerer Teil
plūrēs, plūrium *Pl. m.*	mehrere
plūra, plūrium *Pl. n.*	mehreres (*Sg.*)
plūs posse	mehr vermögen; stärker sein
plūris facere	*etw.* höher schätzen
pōculum, -ī *n.*	Becher [→ Pokal]
poēma, poēmatis *n.* (*kurzes* o)	Gedicht; Dichtung (*Sg. kons. Dekl., Pl. o-Dekl.*)
poena, -ae *f.*	Strafe [→ Pein]
poenam/poenās dare *m. Gen.*	für *etw.* büßen; für *etw.* bestraft werden

Poenus, -a, -um	punisch
Poenus, Poenī *m.*	Punier; Karthager
poēta, poētae *m.* (!) (*kurzes* o)	Dichter
pollicērī, polliceor, pollicitus sum	versprechen
pollicitum, -ī *n.* (*kurzes* i)	das Versprechen
pōmum, -ī *n.*	Apfel
pondus, pónderis *n.*	Gewicht [pendēre; → Pfund]
pōnere, posuī, positum	setzen; stellen; legen [→ positiv; Position]
pōns, pontis *m.* (*gem. Dekl.*)	Brücke
pontifex, pontíficis *m.*	Priester (»*Brückenbauer*« *zu den Göttern*)
populārī, populor, populātus sum	verheeren; plündern; verwüsten
populāris, -is, -e (*kurzes* o)	das Volk unterstützend; im Interesse des Volkes
populārēs, populārium *Pl. m.*	die Popularen
populus, -ī *m.* (*kurzes* o)	Volk [≠ pōpulus »Pappel«]
porrigere, porrēxī, porrēctum (*kurzes* i)	hinstrecken; darreichen [regere]
porrō *Adv.*	ferner; weiterhin
porta, -ae *f.*	Tor; Pforte; Tür
portāre	tragen; bringen
porticus, porticūs *f.* (!)	Säulenhalle; Bogengang
portus, portūs *m.*	Hafen
poscere, poposcī, —	fordern; verlangen [pōsc-?]
positus, -a, -um (*kurzes* o)	gelegen
positum esse in *m. Abl.*	auf *etw.* beruhen
posse, possum, potuī, —	können; Einfluss haben; gelten
plūs posse	mehr vermögen; stärker sein
plūrimum posse	größten Einfluss haben
possessiō, possessiōnis *f.*	Besitz; Besitztum; Grundstück
possidēre, -sēdī, -sessum (*kurzes* i)	besitzen [sedēre; → Possessiv-pronomen]
possīdere, possēdī, possessum	in Besitz nehmen [sīdere]
post *m. Akk.*	nach; hinter
post/pósteā *Adv.*	danach; später
pósteā quam / postquam	nachdem (*i. Dt. immer vorzeitig*)
posterior, -ior, -ius, Gen. posteriōris	der spätere; der nachstehende; der geringere
posteritās, posteritātis *f.* (*kurzes* e)	Nachwelt [post]
posterus, -a, -um	der folgende; der spätere
posterī, posterōrum *Pl. m.*	Nachkommen; Menschen späterer Zeiten
in posterum	für die Zukunft; in Zukunft
postquam / pósteā quam *m. Ind. Perf.*	nachdem (*i. Dt. immer vorzeitig*)
postrēmō *Adv.*	zuletzt; schließlich
postrēmus, -a, -um	der letzte; der geringste
postrīdiē *Adv.*	am folgenden Tage
postulāre (*kurzes* u)	fordern [pōst-?]
pōtāre	trinken; saufen
pote est *m. aci* (*kurzes* o)	es ist möglich, dass

potēns, -ns, -ns, *Gen.* potentis	mächtig; stark
potentia, -ae *f.* (*kurzes* o)	(politische) Macht; Einfluss; Wirksamkeit
potestās, potestātis *f.* (*kurzes* o)	Amtsgewalt; Vollmacht; Möglichkeit
tribūnicia potestās	Amtsgewalt der Volkstribunen; Volkstribunat
potestātem dare/facere	Gelegenheit geben
pōtiō, pōtiōnis *f.*	Trank; Getränk
potior, potior, potius, *Gen.* potiōris	besser; wichtiger
potīrī, potior, potītus sum *m. Gen. oder m. Abl.* (*kurzes* o)	sich *etw.* aneignen; *etw.* in seine Gewalt bringen; sich *einer Sache* bemächtigen
potis, -is, -e (*kurzes* o)	mächtig; zu *etw.* imstande
potissimum *Adv.* (*kurzes* o)	in erster Linie; hauptsächlich; vor allem
potius *Adv.* (*kurzes* o)	eher; lieber; vielmehr
pōtus, pōtūs *m.*	Trank; Getränk
prae *m. Abl.*	vor; im Vergleich zu *etw.*
praebēre, praebuī, praebitum	gewähren; zeigen; bieten; darreichen; geben [habēre]
sē *fortem* **praebēre**	sich *tapfer* zeigen; sich als *tapfer* erweisen
praecēdere, praecessī, praecessum	vorangehen; übertreffen
praeceps, -ceps, -ceps, *Gen.* praecipitis	kopfüber; steil; überstürzt [caput]
praeceptor, praeceptōris *m.*	Lehrer
praeceptum, -ī *n.*	Vorschrift; Lehre; Anweisung
praecipere, praecipiō, -cēpī, -ceptum	vorschreiben; lehren; raten; anleiten [capere]
praecipitāre (*kurzes* i)	kopfüber herabstürzen [caput]
praecipuē *Adv.* (*kurzes* i)	besonders; hauptsächlich; vor allem
praecipuus, -a, -um (*kurzes* i)	besonders; hervorragend; außerordentlich
praeclārus, -a, -um	hochberühmt; ausgezeichnet; vorzüglich; herrlich
praeda, -ae *f.*	Beute
praedārī, praedor, praedātus sum	Beute machen
praedicāre (*kurzes* i)	ausrufen; laut verkünden; rühmen
praedīcere, praedīxī, praedictum	vorhersagen; prophezeien; vorweg bemerken
praeditus *m. Abl.*	mit *etw.* versehen; mit *etw.* ausgestattet; mit *etw.* begabt
praedium, praediī *n.*	Landgut; Grundstück
praedō, praedōnis *m.*	Seeräuber; Räuber
praeesse, praesum, praefuī *m. Dat.*	an der Spitze stehen; *jdn.* anführen; *jdn.* leiten; *jdn.* kommandieren; *etw.* verwalten
praefectus, praefectī *m.*	Präfekt; Befehlshaber; Vorsteher
praeferre, práeferō, práetulī, praelātum	vorziehen; vorantragen; vorschützen; (nach außen hin) zeigen
praeficere, -ficiō, -fēcī, -fectum *m. Akk.*	*jdn.* an die Spitze stellen; *jdn.* als Kommandanten einsetzen; *jdm.* den Oberbefehl übertragen
praemittere, praemīsī, praemissum	vorausschicken
praemium, praemiī *n.*	Belohnung; Lohn; Vorteil [→ Prämie]
praenōmen, praenōminis *n.*	Vorname
praepōnere, praeposuī, praepositum *m. Akk. u. Dat.*	vorziehen; an die Spitze stellen; *jdn.* mit der Führung von *etw.* betrauen

praescrībere, praescrīpsī, praescrīptum	vorschreiben
praesēns, -ns, -ns, *Gen.* praesentis	gegenwärtig; anwesend
praesertim *Adv.*	vor allem; zumal; besonders
praesertim cum	zumal ja; besonders weil
praesidium, praesidiī *n.* (*kurzes* i)	Schutz; Besatzung
praesidia, praesidiōrum *Pl. n.*	Wachposten (*Pl.*)
praestāre, práestitī, práestitum	zeigen; an den Tag legen; sich auszeichnen
m. Akk.	*etw.* verleihen; *etw.* leisten; *etw.* erfüllen; *etw.* zeigen
m. Dat.	*jdn.* übertreffen; *jdm.* voranstehen
praestat	es ist besser
praestō *Adv.*	zugegen; anwesend
praeter *m. Akk.*	außer; an *etw.* vorbei
praeter quod	außer dass
praetéreā *Adv.*	außerdem
praeterīre, praetéreō, -iī, -itum	vorübergehen; *etw.* übergehen
praetermittere, -mīsī, -missum	vorbeigehen lassen; *etw.* übergehen; auslassen
praetor, praetōris *m.*	Prätor; Richter
praetōrium, praetōriī *n.*	Feldherrnzelt; kaiserliche Leibwache
praetūra, -ae *f.*	Prätur (*Amtszeit des Prätors*)
prāvus, -a, -um	verschroben; verkehrt; schlecht
precārī, precor, precātus sum (*kurzes* e)	bitten; beten; wünschen
precēs, precum *Pl. f.* (*kurzes* e)	Bitten; Gebet [Nom. Sg. ungebräuchl., Akk./Abl. Sg. selten]
prehendere, prehendī, prehēnsum	ergreifen; nehmen
premere, pressī, pressum (*kurzes* e)	drücken; bedrängen [→ pressen]
pretiōsus, -a, -um (*kurzes* e)	wertvoll; kostbar; kostspielig
pretium, pretiī *n.* (*kurzes* e)	Preis; Wert; Lohn; Geld
operae pretium est *m. Inf.*	es ist der Mühe wert, *etw.* zu *tun*
prīdem *Adv.*	längst
prīdiē *Adv.*	am Tage zuvor
prīmō *Adv.*	zuerst; anfangs (*später nicht mehr*)
prīmum *Adv.*	zuerst; zum ersten Mal (*dann ein weiteres Mal*)
quam prīmum	möglichst bald
prīmus, -a, -um	der erste; der vorderste; der wichtigste
prīnceps, -ceps, -ceps, *Gen.* prīncipis	der erste; der vornehmste (*Adj. der kons. Dekl.*)
prīnceps, prīncipis *m.*	Anführer; führender Mann; Fürst; Kaiser
prīncipātus, prīncipātūs *m.*	Vormacht; führende Stellung; Vorrang
prīncipiō *Adv.* (*zweites* i *kurz*)	zuerst
prīncipium, prīncipiī *n.* (*zweites* i *kurz*)	Anfang; Ursprung; Grundlage [prīmus, capere]
prior, prior, prius, *Gen.* priōris	der erste; der frühere; der vordere [→ Priorität]
priōrēs, priōrum *Pl. m.* (*kurzes* i)	die Vorfahren
prīscus, -a, -um (*langes* ī)	altertümlich; altehrwürdig; streng
prīstinus, -a, -um (*erstes* ī *lang*)	der frühere; vormalig
prius *Adv.* (*kurzes* i)	früher; vorher; eher
priusquam / prius ... quam (*kurzes* i)	bevor; früher als; eher als

prīvāre *m. Abl.*	einer Sache berauben; von *etw.* befreien
prīvātim *Adv.*	in eigenem Namen; auf eigene Faust
prīvātus, -a, -um	privat; persönlich
prīvātus, -ī *m.*	Privatperson
prō *m. Abl.*	vor; für; statt; entsprechend; im Verhältnis zu *etw.*
probāre (*kurzes* o)	prüfen; billigen; beweisen; gut finden; anerkennen
probitās, probitātis *f.* (*kurzes* o)	Rechtschaffenheit
probrum, -ī *n.* (*kurzes* o)	Vorwurf; Schmach; Schandtat
probus, -a, -um (*kurzes* o)	anständig; rechtschaffen; tüchtig; gut
procāx, procāx, procāx, *Gen.* procācis	frech; unverschämt
prōcēdere, prōcessī, prōcessum	vorrücken; Fortschritte machen; hervorgehen
prōcōnsul, prōcōnsulis *m.*	Prokonsul; Statthalter
procul *Adv.* (*kurzes* o)	fern; weit; in der Ferne; aus der Ferne
prōcumbere, prōcubuī, prōcubitum	sich niederwerfen
prōcūrāre	besorgen; verwalten
prōdere, prōdidī, prōditum	verraten; ausliefern; überliefern; bekannt machen
prōdesse, prōsum, prōfuī, (prōfutūrus)	nützen [→ Prosit, Prost]
prōdigium, prōdigiī *n.* (*kurzes* i)	Vorzeichen; Wunder
prōdīre, prōdeō, prōdiī, prōditum	hervorkommen; vorrücken
prōditiō, prōditiōnis *f.* (*kurzes* i)	Verrat
prōditor, prōditōris *m.* (*kurzes* i)	Verräter
prōdūcere, prōdūxī, prōductum	vorführen; vorwärtsführen; hervorholen
proeliārī, proelior, proeliātus sum	kämpfen
proelium, proeliī *n.*	Kampf; Schlacht; Gefecht
proelium committere	den Kampf beginnen; ein Gefecht schlagen
profānus, -a, -um (*kurzes* o)	nicht heilig; ungeweiht (*vor dem* fānum, *dem heiligen Bezirk*)
profectiō, profectiōnis *f.* (*kurzes* o)	Aufbruch; Reise
profectō *Adv.* (*erstes* o *kurz*)	in der Tat; sicherlich; gewiss
prōferre, prōferō, prōtulī, prōlātum	vorwärtstragen; hervortragen; herbeibringen; vorrücken lassen; erweitern; zur Sprache bringen
prōficere, prōficiō, prōfēcī, prōfectum	vorankommen; Fortschritte machen; nützen
proficīscī, proficīscor, profectus sum	aufbrechen; marschieren; reisen (*kurzes* o)
profitērī, -fiteor, -fessus sum (*kurzes* o)	offen bekennen; anbieten; sich anmelden [fatērī]
profugere, profugiō, -fūgī, — (*kurzes* o)	davonlaufen; sich flüchten; das Weite suchen
profundere, -fūdī, -fūsum (*kurzes* o)	ausgießen; sich ergießen
prōgredī, prōgredior, -gressus sum	vorrücken; vorwärtsschreiten; fortschreiten
prōgressiō, prōgressiōnis *f.*	Fortschritt; Wachstum
prohibēre, -hibuī, -hibitum (*kurzes* o)	fernhalten; abhalten; hindern [habēre; → Prohibition]
prohibēre nē *m. Konj.*	daran hindern, *etw.* zu *tun* (*ohne dt. Negation!*)
prōicere, prōiciō, prōiēcī, prōiectum	vorwerfen; niederwerfen (prōiciō *sprich* prōjiciō)
proinde *Adv.* (*kurzes* o)	also; daher; demnach
proinde ac/atque	ebenso wie
prōlēs, prōlis *f.*	Nachkommenschaft; Sprössling
prōlētārius, prōlētāriī *m.*	Proletarier (*Angehöriger der untersten Klasse*)

prōmere, prōmpsī, prōmptum	hervorholen [emere]
prōmiscuus, -a, -um	gemischt; gewöhnlich; ohne Unterschied [-mīsc-?]
prōmittere, prōmīsī, prōmissum	versprechen [→ *engl.* to promise]
prōmovēre, prōmōvī, prōmōtum	vorwärtsbewegen; erweitern; ausdehnen
prōmptus, -a, -um (*langes* ō)	bereit; entschlossen [→ prompt]
pronepōs, pronepōtis *m.* (*erstes* o *kurz*)	Urenkel
prōnūntiāre (*langes* ū)	(öffentlich) verkünden; bekannt machen; aussprechen
prope *m. Akk.* (*kurzes* o)	nahe bei *etw.*; in der Nähe von *etw.*
prope *Adv.* (*kurzes* o)	nahe; beinahe; nahezu; fast
prōpellere, prōpulī, prōpulsum	wegtreiben; verjagen
properāre (*kurzes* o)	eilen; schnell gehen
m. Inf.	sich beeilen, *etw.* zu *tun*
properē *Adv.* (*kurzes* o)	eilig
propinquitās, -tātis *f.* (*kurzes* o)	Nähe; Verwandtschaft
propinquus, -a -um (*kurzes* o)	nahe; benachbart; verwandt;
propinquī, propinquōrum *Pl. m.*	die Verwandten
propior, -ior, -ius, *Gen.* propiōris	der nähere; der ähnlichere; der angemessenere [prope]
propitius, -a, -um (*kurzes* o, *kurzes* i)	gnädig; geneigt [petere]
prōpōnere, prōposuī, prōpositum	vorlegen; vorschlagen; in Aussicht stellen
prōpositum, -ī *n.* (*zweites* o *kurz*)	Vorsatz; Ziel; Thema
prōpraetor, prōpraetōris *m.*	Proprätor; Statthalter
proprius, -a, -um (*kurzes* o)	eigen; eigentümlich; spezifisch
propter *m. Akk.*	wegen *m. Gen.*
proptereā (quod)	deswegen (weil)
prōpūgnāre	für *etw.* kämpfen
prōpulsāre	abwehren; vertreiben
prōrsus *Adv.* (*langes* ō)	überhaupt; völlig
prōscrībere, prōscrīpsī, prōscrīptum	öffentlich bekannt machen; ächten
prōsequī, prōsequor, prōsecūtus sum	begleiten; verfolgen
prosperus, -a, -um	erwünscht; günstig (*Nom. Sg. m. auch* prosper)
prōspicere, -spiciō, -spexī, -spectum	auf *etw.* schauen; vorhersehen; vorsorgen [-spēxī?]
m. Dat.	für *etw./jdn.* sorgen
prōtegere, prōtēxī, prōtēctum	vorn bedecken; beschützen
prōtinus *Adv.* (*kurzes* i)	unverzüglich; sogleich; vorwärts
prout (*kurzes* o)	je nachdem wie
prōverbium, prōverbiī *n.*	Sprichwort
prōvidentia, -ae *f.* (*kurzes* i)	Vorsehung
prōvidēre, prōvīdī, -vīsum (*kurzes* i)	vorhersehen
m. Dat.	für *etw./jdn.* sorgen
(id) prōvidēre ut *m. Konj.*	dafür sorgen, dass
prōvincia, -ae *f.*	Amtsbereich *eines Magistrats*; Provinz
prōvinciālis, -is, -e	Provinz-...; zu einer Provinz gehörig
prōvinciālēs, prōvinciālium *Pl. m.*	Provinzbewohner (*Pl.*)
proximē *Adv.*	kürzlich

proximus, -a, -um	der nächste; der letzte
prūdēns, -ns, -ns, *Gen.* prūdentis	klug [< prōvidēns]
prūdentia, -ae *f.*	Klugheit; Wissen; Erfahrung
pūblicānus, -ī *m.* (*kurzes* i)	Steuerpächter
pūblicāre (*kurzes* i)	beschlagnahmen; veröffentlichen [→ publizieren]
pūblicē *Adv.*	öffentlich; auf Staatskosten
pūblicus, -a, -um	öffentlich; staatlich; allgemein üblich [→ Publikum]
pudet mē *m. Gen.* (*kurzes* u)	ich schäme mich für *etw.*
pudet mē *m. aci*	(es beschämt mich, dass =) ich schäme mich dafür, dass
pudīcitia, -ae *f.* (*kurzes* u, *zweites* i *kurz*)	Keuschheit; sittsames Verhalten
pudor, pudōris *m.* (*kurzes* u)	Scham; Scheu; Anstand; Ehrgefühl; Zurückhaltung
puella, -ae *f.* (*kurzes* u)	Mädchen
puer, puerī *m.* (*kurzes* u)	Junge; Sklave
ā puerō / ā puerīs	von Kindheit an
puerīlis, -is, -e (*kurzes* u)	kindlich
pueritia, -ae *f.* (*kurzes* u, *kurzes* i)	Kindheit; Knabenalter
pugillārēs, pugillārium *Pl. m.* (*kurzes* u)	Schreibtäfelchen
pūgna, -ae *f.*	Kampf; Schlacht
pūgnam committere	den Kampf beginnen
pūgnāre	kämpfen
pulcher, pulchra, pulchrum	schön; hübsch
pulcherrimus, -a, -um	schönster; sehr schön; wunderschön
pulchritūdō, pulchritūdinis *f.* (*kurzes* i)	Schönheit
pulsāre	schlagen; stoßen
pulvis, púlveris *m.*	Staub
pūnīre	bestrafen [poena]
puppis, puppis *f.* (*i-Dekl.*)	Achterdeck; Heck
pūrgāre (*langes* ū)	reinigen; rechtfertigen [pūrus]
pūrus, -a, -um	rein; klar [→ pur]
putāre (*kurzes* u)	glauben; meinen; für *etw.* halten

Q

quā *Adv.*	wie; auf welche Weise; wo; wohin
quā dē causā	warum; weshalb
im rel. Anschluss	und darum; und deshalb
quā ex rē	woraus; weswegen
im rel. Anschluss	und daraus; und deswegen
quā rē / quārē	weshalb
im rel. Anschluss	und deshalb
quadrāgintā *indekl.*	vierzig
quaerere, quaesīvī, quaesītum	suchen; fragen; verlangen
quaerere ex *m. Abl.*	*jdn.* fragen
quaesō/quaesumus	ich bitte / wir bitten; bitte

quaestiō, quaestiōnis *f.*	Frage; Untersuchung
quaestor, quaestōris *m.*	Quästor; Schatzmeister
quaestus, quaestūs *m.*	Erwerb; Gewinn; Gewerbe
quālis, -is, -e	von der Art wie; wie (beschaffen); was für ein
quam *m. Adj. oder Adv.*	wie
nach Komp.	als
m. Sup.	möglichst *m. Pos.* (z. B. quam celerrimē: möglichst schnell)
quamdiū / quam diū	wie lange; so lange wie
quamobrem *Adv.*	weswegen
im rel. Anschluss	und deswegen
quamquam	obwohl; obgleich
im HS	allerdings
quamvīs *m. Adj. (langes ī)*	noch so *m. Adj.*; beliebig *m. Adj.*
quamvīs *m. Konj. (langes ī)*	wie sehr auch; obwohl; wenn auch
quandō/quando *Adv.*	wann
quandōquidem / quandoquidem	da ja; da nun einmal
quantō *m. Komp.* ... **tantō** *m. Komp.*	je ... desto
quantopere / quantō opere *Adv.*	wie sehr; so sehr wie
quantum	wie viel; wieweit; soviel; so viel
tantum ... quantum	so viel ... wie; so sehr ... wie; im selben Maße wie
quantus, -a, -um	wie groß; wie viel; welch großer; so groß
quantuscumque	wie groß auch immer; wie viel auch immer
quārē / quā rē	weshalb; wodurch
im rel. Anschluss	und deshalb; und dadurch
quārtus, -a, -um	der vierte
quasi *(kurzes a, kurzes i)*	als ob; gleichsam; sozusagen
quatere, quatiō, —, quassum	schütteln; erschüttern
quattuor *indekl.*	vier
...-que	und
quemadmodum *Adv.*	auf welche Weise; wie
querēla *(erstes e kurz)*	Klage; Beschwerde [→ Querelen]
querī, queror, questus sum *(kurzes e)*	klagen; sich beschweren [→ Querulant; Querelen]
quī, quae, quod, *Gen.* cuius	der; wer; welcher *(Relativ- u. Interrogativpronomen)*
im rel. Anschluss	und der; aber der; denn der
nach sī, nisī, nē *und* num	irgendein *(sī, nisī, nē und num hauen alle ali um)*
quī *Adv.*	wie (nun); warum
quia *(kurzes i)*	weil
quicquam/quidquam, cuiusquam	irgendetwas *(in negierten Sätzen)*
auch adjektivisch	irgendein
neque quicquam	und nichts
quicquid	→ quidquid
quīcumque, quaecumque, quodcumque	wer auch immer; jeder, der
quīcumque *Pl. m.*	alle, die
quaecumque *Pl. n.*	alles, was *(Sg.)*; was auch immer *(Sg.)*

quid	was
nach sī, nisī, nē *und* num	irgendetwas (sī, nisī, nē *und* num *hauen alle* ali *um*)
quid est quod *m. Konj.*	welchen Grund gibt es dafür, dass
quid novī (*Gen. part.*)	was (gibt es) Neues?
quīdam, quaedam, quoddam	jemand; ein gewisser; eine Art von; ein
bei Adjektiven	ganz; geradezu
quīdam, quōrundam *Pl. m.*	einige
quaedam, quōrundam *Pl. n.*	einiges (*Sg.*)
quidem *Adv.* (*kurzes* i)	zwar; wenigstens; allerdings; gewiss
Mārcus quidem	*Marcus* jedenfalls; *Marcus* jedoch
nē *Mārcus* quidem	nicht einmal *Marcus*
equidem	allerdings; fürwahr; in der Tat; ich jedenfalls
quidnam	was denn [*nur Nom./Akk. üblich*]
quidnī	warum auch nicht?
quidquam	→ quicquam
quidquid/quicquid	was auch immer; alles, was [*nur Nom./Akk. üblich*]
quiēs, quiētis *f.* (*kurzes* i)	Ruhe; Erholung [→ *engl.* quiet]
quiētem capere	Ruhe finden
quiēscere, quiēvī, quiētum (*kurzes* i)	ausruhen; ruhen; schlafen
quiētus, -a, -um (*kurzes* i)	ruhig; friedlich; gemütlich [→ *engl.* quiet]
quīlibet, quaelibet, quidlibet	jeder Beliebige (*subst.*)
quīlibet, quaelibet, quodlibet	jeder beliebige (*adj.*)
quīn *m. Konj.*	wie denn nicht; warum nicht; ohne dass
quīn etiam	ja sogar
nēmō est quīn *m. Konj.*	es gibt niemanden, der nicht *m. irr. Konj.*
nōn dubitāre quīn *m. Konj.*	nicht daran zweifeln, dass (*ohne weitere dt. Negation!*)
nōn recūsāre quīn *m. Konj.*	sich nicht weigern, *etw.* zu *tun* (*ohne weitere dt. Negation!*)
quīndecim *indekl.* (*langes* ī, *kurzes* e)	fünfzehn
quīnquāgintā *indekl.* (*langes* ī)	fünfzig
quīnque *indekl.* (*langes* ī)	fünf
quīntus, -a, -um (*langes* ī)	der fünfte
quippe	denn; ja
quippe quī	zumal er ja; *i. Dt. oft anaphorisch:* er, der ja
quīre, queō, quīvī, —	können; fähig sein (*Perf. auch* quiī) [īre]
Quirītēs, Quirītium/Quirītum *Pl. m.*	römischer Vollbürger; Römer (*ehrenvolle Anrede*)
quis	wer (*subst.*); welcher (*adj.*)
nach sī, nisī, nē *und* num	irgendjemand (sī, nisī, nē *und* num *hauen alle* ali *um*)
quisnam	wer denn [*nur Nom. üblich*]
quisquam, cuiusquam	irgendjemand; irgendein Mensch (*in negierten Sätzen*)
auch adjektivisch	irgendein
neque quisquam	und niemand; und kein Mensch
quisque, quaeque, quidque	jeder; jeder Einzelne
optimus quisque (*Sg.*)	alle Guten (*Pl.*)
sibī quisque	jeder für sich

quisquis	wer auch immer; jeder, der [nur Nom./Akk. üblich]
quōquō modō (*Abl. Sg.*)	auf welche Weise auch immer
quīvīs, quaevīs, quodvīs	jeder beliebige (*adj.*); jeder Beliebige (*subst.*)
quō *Adv.*	wohin; wozu; wo [→ quō vādis?]
im rel. Anschluss	und dorthin; und dazu; und dort
quō ūsque	wie lange noch; wie weit
quō *m. Komp.*	um wie viel *m. Komp.*; und umso *m. Komp.*
m. Konj.	damit *er* dadurch *etw. machen konnte*; um dadurch *etw.* zu *machen*
m. Komp. u. Konj.	damit umso *m. Komp. u. Ind.*
quō ... eō *m. Komp.*	je ... desto
quō factō	wodurch; woraufhin
im rel. Abschluss	und dadurch; und daraufhin
quoad	solange als; solange bis; damit unterdessen
quōcum	mit dem; mit wem?
im rel. Anschluss	und mit dem
quod (*Konjunktion*)	weil; dass; was die Tatsache betrifft, dass
quodsī / quod sī	wenn aber; wenn nun; wenn also
quōminus	dass (*nach Ausdrücken des Hinderns*)
nōn retinēre quōminus *m. Konj.*	nicht daran hindern, *etw.* zu *tun*
quōmodo / quō modō	wie; auf welche Weise
quondam *Adv.* (*kurzes* o)	einst; zu bestimmten Zeiten
quoniam (*kurzes* o)	da ja
quoque (*nachgestellt*)	auch (*vorangestellt*)
quot	wie viele
quot ... tot	wie viele ... so viele
quotannīs *Adv.*	jedes Jahr; jährlich
quotiēns *Adv.* (*kurzes* o)	wie oft; so oft; sooft

R

rādere, rāsī, rāsum	schaben; rasieren
radius (*kurzes* a)	Strahl [→ Radio]
rāmus, -ī *m.*	Ast; Zweig
rāna, -ae *f.*	Frosch
rapere, rapiō, rapuī, raptum	eilig ergreifen; rauben; reißen; wegraffen
rapidus, -a, -um	reißend; schnell
rapīna, -ae *f.* (*kurzes* a)	Raubzug; Plünderung; Erpressung
rārō *Adv.*	selten
rārus, -a, -um	selten; vereinzelt [→ rar]
ratiō, ratiōnis *f.* (*kurzes* a)	Überlegung; Vernunft; Plan; Art und Weise; Grund
ratiō atque ūsus	Theorie und Praxis
ratiōnem reddere	Rechenschaft ablegen
aliā ratiōne ac	auf andere Art als

ratis, ratis *f.* (*gem. Dekl.*) (*kurzes* a)	Floß; Kahn
ratus, -a, -um (*kurzes* a)	berechnet; bestimmt; gültig [≠ *Part. Perf. v.* rērī]
rebellāre	rebellieren; sich auflehnen
rebelliō, rebelliōnis *f.*	Erneuerung des Krieges; Aufstand; Empörung
recēdere, recessī, recessum	zurückgehen; zurückweichen; sich zurückziehen
recēns, -ns, -ns, *Gen.* recentis	neu; frisch; aktuell; jüngst vergangen [→ *engl.* recent]
recēnsēre, recēnsuī, recēnsum	mustern; durchdenken
receptus, receptūs *m.*	Rückzug [recipere]
recessus, recessūs *m.*	Rückzug; Rückzugsmöglichkeit; Versteck [recēdere]
recipere, recipiō, recēpī, receptum	zurücknehmen; aufnehmen; annehmen; empfangen
sē recipere (*kurzes* i)	sich zurückziehen
recitāre (*kurzes* i)	vorlesen; vortragen [→ rezitieren]
recognōscere, recognōvī, recógnitum	wiedererkennen [recōgn-?]
recordārī *m. Akk. / m.* dē + *Abl.*	sich an *etw.* erinnern; an *etw.* zurückdenken; *etw.* bedenken [→ Rekord; Rekorder]
recordātiō, recordātiōnis *f.*	Beherzigung; Erinnerung
recreārī, recreor, recreātus sum	sich erholen; sich ausruhen; wiederherstellen; kräftigen
rēctē *Adv.* (*langes* ē)	richtig; zu Recht; geradeaus
rēctor, rēctōris *m.* (*langes* ē)	Lenker; Leiter
rēctus, -a, -um (*langes* ē)	richtig; recht; gerade
recumbere, recubuī, —	sich zum Essen niederlegen
recuperāre (*kurzes* u)	wiedergewinnen; wiedererlangen
recūsāre	sich weigern; ablehnen; zurückweisen [causa]
nōn recūsāre quīn *m. Konj.*	sich nicht weigern, *etw.* zu *tun*
reddere, réddidī, rédditum	zurückgeben; bringen [dare]
m. dopp. Akk.	*jdn./etw.* zu *etw.* machen
redigere, redēgī, redāctum (*kurzes* i)	zurücktreiben; in einen Zustand versetzen [agere]
m. dopp. Akk.	*jdn./etw.* zu *etw.* machen
redimere, redēmī, redēmptum	loskaufen; erkaufen; wiedergutmachen [emere]
redintegrāre	wiederherstellen; erneuern; wiederaufnehmen
redīre, rédeō, rédiī, réditum	zurückgehen; zurückkehren
reditiō, reditiōnis *f.* (*kurzes* i)	Rückkehr
reditus, reditūs *m.*	Rückkehr
redūcere, redūxī, reductum	zurückführen; zurückziehen; hinbringen
redundāre	überströmen [unda]
refellere, refellō, refellī, —	widerlegen [fallere]
referre, réferō, réttulī, relātum	zurückbringen; hinbringen; berichten
grātiam referre	(*mit Taten*) danken
pedem referre	sich zurückziehen
referre in *m. Akk.*	unter *etw.* verbuchen
rēfert *m. aci*	es ist wichtig, dass; es ist für *jdn.* wichtig, *etw.* zu *tun*
refertus, -a, -um	vollgestopft; gedrängt voll
reficere, reficiō, refēcī, refectum	wiederherstellen; erneuern; reparieren [facere]
réficī / sē reficere	sich erholen

refugere, refugiō, refūgī, (refugitūrus)	vor *etw.* fliehen; vor *etw.* ausweichen
regere, rēxī, rēctum (*im Perf. langes* ē)	lenken; leiten; richten; ausrichten; beherrschen
rēgia, -ae *f.*	Königsburg; Palast; Hofstaat
rēgīna, -ae *f.*	Königin
regiō, regiōnis *f.* (*kurzes* e)	Gebiet; Gegend; Richtung
rēgius, -a, -um	königlich; des Königs
rēgnāre	herrschen; regieren; König sein
rēgnum, -ī *n.*	Königreich; Alleinherrschaft (*negativer Beiklang*)
régredī, regredior, regressus sum	zurückkehren
rēgula, -ae *f.*	Regel; Richtschnur
rēgulus, -ī *m.*	Häuptling; Fürst; Prinz
rēicere, rēiciō, rēiēcī, rēiectum	zurückwerfen; wegstoßen; abweisen; ablehnen (rēiciō *sprich* rējiciō) [iacere]
relēgāre	verbannen [lēx]
religiō, religiōnis *f.* (*kurzes* i)	Ehrfurcht; Gottesverehrung; religiöse Bedeutung
religiōsus, -a, -um (*kurzes* i)	gewissenhaft; fromm; gottesfürchtig; ehrwürdig
relinquere, relīquī, relictum	zurücklassen; verlassen; übrig lassen [→ Relikt; Reliquie]
reliquiae, reliquiārum Pl. *f.* (*kurzes* i)	Überreste
réliquus, -a, -um	übrig; restlich [≠ relictus »zurückgelassen«]
remanēre, remānsī, remānsum	zurückbleiben; bleiben; ausharren
remedium, remediī *n.* (*m. Gen.*)	Heilmittel (gegen *etw.*); Arznei (*kurzes* e)
remissus, -a, -um	entspannt; ruhig; abgespannt
remittere, remīsī, remissum	zurückschicken; loslassen; nachlassen; erlassen
removēre, removī, remōtum (*kurzes* o)	entfernen; wegschaffen
rēmus, -ī *m.*	Ruder; Riemen
renovāre (*kurzes* o)	erneuern; erfrischen; wiederaufnehmen
renovātiō, renovātiōnis *f.* (*erstes* o *kurz*)	Erneuerung
renūntiāre (*langes* ū)	zurückmelden; anzeigen; berichten
reparāre (*erstes* a *kurz*)	reparieren; ausbessern
repellere, reppulī, repulsum	zurücktreiben; zurückschlagen; verdrängen; abweisen
repēns, repēns, repēns, Gen. repentis	plötzlich
repente Adv.	plötzlich; mit einem Schlag
repentīnus, -a, -um	plötzlich; unerwartet
reperīre, repperī, repertum	finden; entdecken; wiedergewinnen
repetere, repetīvī, repetītum	zurückfordern; wiederholen
repōnere, reposuī, repositum	zurückbringen; zurückstellen; weglegen
reportāre	zurückbringen; berichten
reprehendere, reprehendī, -hēnsum	tadeln; wieder aufgreifen
repudiāre (*kurzes* u)	zurückweisen; verschmähen [pudor]
repūgnāre	sich widersetzen; Widerstand leisten
requiēs, requiētis *f.*	Ruhe; Erholung (*Akk. Sg. auch* requiem)
requiēscere, requiēvī, requiētum	ruhen; sich erholen; zur Ruhe kommen
requīrere, requīsīvī, requīsītum	nachforschen; aufsuchen; verlangen; vermissen
rērī, reor, ratus sum	berechnen; meinen [→ Ration]

rēs, reī *f.*	Sache; Ding; Angelegenheit; Situation
rēs adversae *Pl. f.*	Unglück (*Sg.*)
rēs familiāris	Hauswesen; Vermögen; Besitz
rēs frūmentāria	Verpflegungswesen; Verpflegung
rēs gestae *Pl. f.*	Taten; Geschichte (*Sg.*)
rēs mīlitāris	Kriegswesen
rēs novae *Pl. f.*	Umsturz (*Sg.*); Revolution (*Sg.*)
rēs pūblica	Staat; Gemeinwesen; Politik
rēs pūblica lībera	Republik (*im Ggs. zum Prinzipat*)
rēs secundae *Pl. f.*	Glück (*Sg.*)
rem gerere	die Sache austragen; kämpfen
rem tenēre	die Lösung haben
rē vērā	wirklich; tatsächlich
īnfectā rē	erfolglos; unverrichteter Dinge
rescindere, réscidī, rescissum	einreißen; abreißen; ungültig machen
rescrībere, rescrīpsī, rescrīptum	zurückschreiben; antworten; úmschreiben
reservāre	erhalten; aufbewahren
resīdere, resēdī, resessum	sich setzen; sich niederlassen
resistere, réstitī, —	widerstehen; Widerstand leisten; stehen bleiben
respicere, respiciō, -spexī, -spectum	zurückschauen; berücksichtigen [-spēxī?]
respondēre, respondī, respōnsum	antworten; erwidern; Bescheid geben [→ Kor-respondenz]
respōnsum, -ī *n.*	Antwort; Bescheid
restāre, réstitī, —	übrig bleiben; standhalten [→ Rest]
restituere, restítuī, restitūtum	wiederherstellen; zurückgeben; ersetzen [statuere]
retinēre, retinuī, retentum (*kurzes* i)	zurückhalten; festhalten; bewahren
retrō *Adv.* (*kurzes* e)	nach hinten
reus, -a, -um (*kurzes* e)	angeklagt
reus, reī *m.*	Angeklagter
revenīre, revēnī, reventum	zurückkommen
rēvērā / rē vērā	wirklich; tatsächlich
reverentia, -ae *f.* (*kurzes* e)	Ehrfurcht; Respekt
reverērī, revéreor, revéritus sum	sich vor *etw.* scheuen; *etw.* verehren
reversus, -a, -um	zurückgekehrt
revertī, revertor, revertī, reversum	zurückkehren (*Semideponens*)
revocāre (*kurzes* o)	zurückrufen; herholen
rēx, rēgis *m.* (*langes* ē)	König
rhētoricus, -a, -um (*kurzes* o)	rednerisch; Redner-…
rīdēre, rīsī, rīsum	lachen
rīdiculus, -a, -um (*zweites* i *kurz*)	lächerlich
rīpa, -ae *f.*	Ufer
rīsus, rīsūs *m.*	das Lachen; Gelächter; Spott
rītus, rītūs *m.*	Brauch; Gewohnheit; Ritus
rōbur, rōboris *n.*	Kernholz; Kraft
rōbustus, -a, -um	kräftig; stark

rogāre (*kurzes* o)	bitten; fragen
m. dopp. Akk.	*jdn.* um *etw.* bitten
rogus, -ī *m.* (*kurzes* o)	Scheiterhaufen
Rōma, -ae *f.*	Rom
Rōmae	in Rom [< *Rōmaī, *alter Lokativ*]
Rōmam	nach Rom [*alter Richtungsakkusativ*]
Rōmā	aus Rom [*alter Separativ*]
Rōmānus, -a, -um	römisch
Rōmānus, -ī *m.*	Römer
rōstrum, -ī *n.* (*langes* ō)	Schnabel
rōstra, rōstrōrum *Pl. n.*	Rednerbühne (*Sg.*) (*an der die 338 v. Chr. erbeuteten Rammsporne [Schnäbel] der Antiaten befestigt waren*)
rubor, rubōris *m.* (*kurzes* u)	Röte; rote Färbung; Schamröte; Schande
rudis, -is, -e (*kurzes* u)	roh; kunstlos; unerfahren; ungebildet
ruere, ruī, rutum (*kurzes* u)	eilen; stürmen; losstürzen; *etw.* stürzen
ruīna, -ae *f.* (*kurzes* u)	Sturz
ruīnae, ruīnārum *Pl. f.*	Trümmer; Ruinen
rūmor, rūmōris *m.*	Gerücht; Gerede
rumpere, rūpī, ruptum	zerbrechen; zerreißen; unterbrechen
rūpēs, rūpis *f.* (*gem. Dekl.*)	Fels; Felshang; Klippe
rūre/rūrī	→ rūs
rūrsus *Adv.* (*langes* ū)	wieder; rückwärts; andererseits [< *revorsus; vertere]
rūs, rūris *n.*	Land; Landgut
rūs *Adv.*	aufs Land [*alter Richtungsakkusativ*]
rūrī *Adv.*	auf dem Land [*alter Lokativ*]
rūre *Adv.*	vom Land [*alter Separativ*]
rūsticus, -a, -um (*langes* ū)	ländlich; bäurisch [→ rustikal]
rūsticus, -ī *m.*	Bauer

S

sacer, sacra, sacrum (*kurzes* a)	heilig; verflucht (*einer Gottheit geweiht*) [→ sakral]
sacerdōs, sacerdōtis *m./f.* (*kurzes* a)	Priester/Priesterin
sacerdōtium, sacerdōtiī *n.* (*kurzes* a)	Priesteramt; Priestertum
sacrāmentum, -ī *n.* (*erstes* a *kurz*)	Eid; Sakrament
sacrificāre (*kurzes* a, *kurzes* i)	opfern
sacrificium, sacrificiī *n.* (*kurzes* a/i)	Opfer
sacrílegus, -ī *m.* (*kurzes* i, *kurzes* e)	Tempelräuber [sacrum, legere]
sacrum, -ī *n.* (*kurzes* a)	Heiligtum; religiöser Brauch; Opfer; Gottesdienst
saeculum/saeclum, saec(u)lī *n.*	Zeitalter; Jahrhundert
saepe *Adv.*	oft
saepius *Adv.*	öfter; zu oft
saevīre	wüten; toben
saevitia, -ae *f.* (*kurzes* i)	Wildheit

saevus, -a, -um	wild; wütend; grimmig; grausam; schrecklich
sagitta, -ae *f.* (*kurzes* a)	Pfeil
sagittārius, -ī *m.* (*kurzes* a)	Bogenschütze
sāl, salis *m.* (*selten n.*)	Salz; Meer; Geschmack; Witz
salīre, saluī/saliī, —	springen
saltāre	tanzen [*Intensivum zu* salīre]
saltus, saltūs *m.*	Pass; Gebirge; Alm
salūber, salūbris, salūbre	heilsam; gesund
salūs, salūtis *f.*	Rettung; Heil; Wohlergehen
salūs pūblica	Gemeinwohl
salūtī (*Dat. fin.*) esse	zur Rettung dienen; Rettung bringen
salūtem dīcere *m. Dat.*	*jdn.* grüßen
salūtāre	grüßen; begrüßen
salvēre, —, —	gesund sein
salvē! / salvēte!	sei/seid gegrüßt! guten Tag!
salvus, -a, -um	gesund; wohlbehalten; am Leben; in Ordnung
sānāre	heilen
sancīre, sānxī, sānctum	heiligen; festsetzen; bestätigen [sănxī, sănctum?]
sānctus, -a, -um	heilig; ehrwürdig; unverletzlich; gewissenhaft [sănctus?]
sānē *Adv.* (*langes* ē)	gewiss; allerdings; in der Tat
sanguíneus, -a, -um (*kurzes* e)	blutig
sanguis, sánguinis *m.*	Blut (san-guis *zweisilbig*) [→ Sanguiniker]
sānus, -a, -um	gesund; vernünftig
sapere, sapiō, sapīvī, —	Geschmack haben; Verstand haben/gebrauchen
	klug sein; verstehen (*Perf. auch* sapuī *oder* sapiī)
sapiēns, -ns, -ns, *Gen.* sapientis	klug; weise (*Abl. Sg.* sapientī)
sapiēns, sapientis *m.* (*gem. Dekl.*)	der Weise (*Abl. Sg.* sapiente)
sapientia, -ae *f.* (*kurzes* a)	Klugheit; Weisheit; Verstand
sárcina, -ae *f.* (*kurzes* i)	Last; Gepäckstück
satiāre (*erstes* a *kurz*)	sättigen; übersättigen
satietās, satietātis *f.* (*m. Gen.*) (*kurzes* a/i)	Sättigung; Genüge; Überdruss (an *etw.*)
satis *Adv.* (*kurzes* a)	genug; ausreichend [→ satt]
vor einem Adjektiv oder Adverb	genügend; ziemlich
satisfacere, satisfaciō, -fēcī, -factum	genugtun; Genüge leisten; zufriedenstellen
saxum, -ī *n.*	Fels; Stein
scaena, -ae *f.*	Bühne; Szene
scālae, scālārum *Pl. f.*	Leiter (*Sg.*); Treppe (*Sg.*)
scelerātus, -a, -um (*kurzes* e)	verbrecherisch; frevelhaft
scelerātus, -ī *m.*	Verbrecher
scelestus, -a, -um (*kurzes* e)	verbrecherisch; frevelhaft
scelus, scéleris *n.* (*kurzes* e)	Verbrechen; Frevel
scelus committere	ein Verbrechen begehen
schola, -ae *f.* (*kurzes* o)	Schule
scientia, -ae *f.* (*kurzes* i)	Wissen; Kenntnis; Wissenschaft

scīlicet (*Abk.*: sc.)	selbstverständlich; natürlich; das heißt
scīre, scīvī, scītum	wissen; verstehen
scītō/scītōte	wisse/wisset; du sollst / ihr sollt wissen
scrība, scrībae *m.* (!)	Schreiber; Sekretär
scrībere, scrīpsī, scrīptum (*langes* ī)	schreiben; zeichnen
scrīptor, scrīptōris *m.* (*langes* ī)	Schreiber; Schriftsteller
rērum scrīptor	Geschichtsschreiber; Historiker
scūtum, -ī *n.*	der (Lang-)Schild
sē (*Akk. Sg./Pl.*)	sich (*Akk.*) [sē kann aber auch Abl. sein, dann meistens mit Präp.]
im *aci*	er/sie (*i. Lat. Subjektsakk.*); ihn/sie/sich (*i. Lat. Akk.-Obj.*)
secāre, secuī, sectum (*kurzes* e)	schneiden; zerschneiden; abschneiden [→ Sekte]
sēcēdere, sēcessī, sēcessum	beiseitegehen; sich absondern
sēcernere, sēcrēvī, sēcrētum	absondern; trennen
sēcessus, sēcessūs *m.*	Zurückgezogenheit; Urlaub
sēcrētō *Adv.*	geheim; in der Abgeschiedenheit
sēcrētus -a, -um	abgesondert; getrennt; geheim
sēcum	mit sich; bei sich; mit ihm/ihr/ihnen (*indir. refl.*)
secundum *m. Akk.* (*kurzes* e)	entlang; gemäß; sogleich nach *jdm.*
secundus, -a, -um (*kurzes* e)	der folgende; der zweite; günstig
rēs secundae *Pl. f.*	Glück (*Sg.*)
secūris, secūris *f.* (*i-Dekl.*) (*kurzes* e)	Beil
sēcūritās, sēcūritātis *f.*	Unerschütterlichkeit; Sorglosigkeit; Ausgeglichenheit
sēcūrus, -a, -um	sorglos; sicher [altlat. sē »ohne« + cūra]
secus *Adv.* (*kurzes* e)	anders; weniger
sed	aber
nach Negationen	sondern
am Anfang eines HS	vielmehr
sēdāre	zur Ruhe bringen
sedēre, sēdī, sessum (*erstes* e *kurz*)	sitzen
sēdēs, sēdis *f.*	Sitz; Wohnsitz; Heimat (*Gen. Pl.* sēdum/sēdium)
sēditiō, sēditiōnis *f.* (*kurzes* i)	Aufstand
sēdulus, -a, -um	fleißig [eigentl. sē dolō »ohne Trug«]
sēgregāre (*zweites* e *kurz*)	absondern; ausschließen [grex]
sēiungere, sēiūnxī, sēiūnctum	trennen
sella, -ae *f.*	Stuhl; Sessel; Tragsessel (*eines Beamten*)
semel *Adv.* (*kurzes* e)	einmal
sēmen, sēminis *n.*	Same; Keim; Spross [→ Seminar]
sēmi-...	halb-...
semper *Adv.*	immer
sempiternus, -a, -um (*kurzes* i)	ewig; dauerhaft [aeternus]
senātor, senātōris *m.* (*kurzes* e)	Senator
senātus, senātūs *m.* (*kurzes* e)	Senat (*Gen. Sg. archaisierend auch* senātī)
senātum habēre	eine Senatssitzung abhalten
senectūs, senectūtis *f.* (*kurzes* e)	hohes Alter; Greisenalter

senēscere, senuī, — (*erstes e kurz*)	alt werden
senex, senex, senex, *Gen.* senis (*kurzes* e)	alt; betagt
senex, senis *m.*	alter Mann; Greis (*Gen. Pl.* senum) [→ senil]
senīlis, -is, -e (*kurzes* e)	greisenhaft
senior, -ior, -ius (*kurzes* e)	der ältere
seniōrēs, seniōrum *Pl. m.*	die Älteren
sēnsus, sēnsūs *m.* (*langes* ē)	Gefühl; Empfindung; Sinn; Verstand [→ Non-sens]
sententia, -ae *f.*	Meinung; Vorschlag; Aussage; Sinnspruch [→ Sentenz]
sententiam dīcere	seine Meinung äußern; seine Stimme abgeben
sentīre, sēnsī, sēnsum	fühlen; merken; denken; meinen [→ sensibel]
sēparāre (*erstes a kurz*)	trennen
sēparātim *Adv.* (*erstes a kurz*)	gesondert
sēparātus, -a, -um (*erstes a kurz*)	abgesondert; getrennt
sepelīre (*kurzes* e)	begraben
sēpōnere, sēposuī, sēpositum	beiseitelegen; absondern
septem *indekl.*	sieben
septimus, -a, -um	der siebente/siebte
septuāgēsimus, -a, -um (*langes* ā)	der siebzigste
sepulcrum/sepulchrum, sepulc(h)rī *n.*	Grab; Grabmal
sepultūra, -ae *f.* (*kurzes* e)	Bestattung
sequī, sequor, secūtus sum (*kurzes* e)	folgen
m. Akk.	*jdm.* folgen; *jdn.* begleiten; *etw.* befolgen
serere, seruī, sertum (*kurzes* e)	aneinanderreihen; verknüpfen; verbinden [≠ serere »säen«]
serere, sēvī, satum (*kurzes* e)	säen; pflanzen; hervorbringen [≠ serere »aneinanderreihen«]
seriēs, seriēī *f.* (*erstes e kurz*)	Reihe
sērius *Adv.*	später; ziemlich spät; zu spät
sermō, sermōnis *m.*	Gespräch; Redeweise; Äußerung; Sprache
sērō *Adv.*	spät; zu spät
serpēns, serpentis *m./f.*	Schlange (*Gen. Pl.* serpentum/serpentium)
serpere, serpsī, —	kriechen; schleichen [*angebliches PPP* *serptum *nicht belegt*]
sērus, -a, -um	spät; reif
serva, -ae *f.*	Sklavin [*klassisch* ancilla]
servāre	retten; bewahren; hüten [≠ servīre »dienen«]
servīre	dienen; Sklave sein [≠ servāre »retten«]
servitium, servitiī *n.* (*kurzes* i)	Sklaverei; Sklavenstand; Sklave [→ Service]
servitia, servitiōrum *Pl. n.*	Sklavenmassen
servitūs, servitūtis *f.* (*kurzes* i)	Sklaverei; Knechtschaft; Unfreiheit
servus, -ī *m.*	Sklave; Diener
sēsē	= sē
sēstertius, sēstertiī *m.* (*langes* ē) (*Abk.* HS)	Sesterz (*wichtigste röm. Münze; Tageslohn eines Landarbeiters ca. 4 HS, reichte zur Verpflegung von fünf Personen*)
seu	→ sīve
sevēritās, sevēritātis *f.* (*erstes e kurz*)	Strenge; Ernst; Würde
sevērus, -a, -um (*erstes e kurz*)	ernst; streng

sex *indekl.*	sechs
sextus, -a, -um	der sechste
sī	falls; wenn; *im indir. FS:* ob
sī modo	wenn nur; unter der Bedingung, dass
sī quis	wenn (irgend-)jemand (sī, nisī, nē *und* num *hauen alle ali um*)
sī quid	wenn (irgend-)etwas (sī, nisī, nē *und* num *hauen alle ali um*)
sibī/sibi	sich (*Dat. Sg./Pl.*); für sich
im aci	sich (*dir. refl.*); ihm/ihr/ihnen (*indir. refl.*)
sīc *Adv.*	so; folgendermaßen; Folgendes
siccus, -a, -um	trocken
sīcut/sīcutī *Adv.*	so wie; gleich wie
sīdere, sēdī, sessum	sich setzen [≠ sedēre »sitzen«]
sīdus, sīderis *n.*	Stern; Sternbild
sīgnificāre	anzeigen; markieren; bezeichnen, bedeuten [sĭgn-?]
sīgnum, -ī *n.*	Zeichen; Feldzeichen; Götterbild; Statue [sĭgn-?]
sīgna ferre	vorrücken
sīgna īnferre	angreifen
silentium, silentiī *n.* (*kurzes* i)	Schweigen; Stille; Ruhe
silēre, siluī, — (*kurzes* i)	schweigen; still sein
silva, -ae *f.*	Wald
similis, -is, -e *m. Gen. oder Dat.* (*kurzes* i)	*jdm./einer Sache* ähnlich
similis atque/ac	ähnlich wie
vērī similis	wahrscheinlich
similitūdō, similitūdinis *f.* (*kurzes* i)	Ähnlichkeit; Ebenbild; Gleichnis
simplex, -plex, -plex, *Gen.* símplicis	einfach; schlicht; ehrlich [→ simpel]
simplicitās, simplicitātis *f.* (*kurzes* i)	Einfachheit; Aufrichtigkeit
simul *Adv.* (*kurzes* i, *kurzes* u)	zugleich; gleichzeitig; zumal
simulac / **simul ac** / simul atque	sobald
simulācrum, simulācrī *n.* (*kurzes* i/u)	Bild; Abbild; Trugbild; Standbild
simulāre (*kurzes* i, *kurzes* u)	vorgeben; heucheln; so tun, als ob [→ simulieren]
simulātiō, simulātiōnis *f.* (*kurzes* i/u)	Täuschung
simulatque (*kurzes* i)	sobald
sīn	wenn aber
sincērus, -a, -um	rein; echt; aufrichtig
sine *m. Abl.* (*kurzes* i)	ohne
sinere, sīvī, situm (*kurzes* i)	lassen; zulassen
singulāris, -is, -e (*kurzes* u)	einzeln; einzigartig; außerordentlich [→ singulär]
singulus, -a, -um	einzeln; jeder einzelne
singulī, -ae, -a	einzelne (*Pl.*); jeweils einer (*Sg.*)
singula, singulōrum *Pl. n.*	Einzelnes (*Sg.*)
sinister, sinistra, sinistrum (*kurzes* i)	links; unglücklich
sinistra, -ae *f.*	die Linke; linke Hand [*Ellipse v.* manus]
sinus, sinūs *m.* (*kurzes* i)	Bucht; Bausch *der Toga*; Busen; Schoß
sistere, stetī, statum	stellen; sich hinstellen

sitis, sitis *f.* (*i-Dekl.*) (*kurzes* i)	Durst; Dürre
situs, -a, -um (*kurzes* i)	gelegen; liegend
situs, sitūs *m.* (*kurzes* i)	Lage; Stellung
sīve/seu	oder; oder wenn
sīve ... **sīve** / seu ... seu	sei es (dass) ... sei es (dass); wenn ... oder wenn; entweder ... oder
sociālis, -is, -e (*kurzes* o, *kurzes* i)	gesellig; gesellschaftlich; bundesgenössisch
societās, societātis *f.* (*kurzes* o/i/e)	Gemeinschaft; Bündnis [→ engl. society]
socius, -a, -um (*kurzes* o)	verbündet
socius, sociī *m.*	Bündnispartner; Verbündeter; Kamerad
socors, socors, socors, *Gen.* socordis	fahrlässig; beschränkt
sōl, sōlis *m.*	Sonne [→ Solarium]
sōlācium, sōlāciī *n.*	Trost
sōlārī, sōlor, sōlātus sum	trösten; ermutigen; beschwichtigen
solēre, soleō, solitus sum (*kurzes* o)	*etw. zu tun* pflegen; *etw.* gewöhnlich *tun* (*Semideponens*)
sōlitūdō, sōlitūdinis *f.* (*kurzes* i)	Einsamkeit; Einöde
solitus, -a, -um (*kurzes* o)	gewohnt
sollemnis, -is, -e	alljährlich gefeiert; feierlich; üblich [sollus »ganz« + annus]
sollicitāre (*kurzes* i)	beunruhigen; erregen; reizen; aufhetzen
sollicitūdō, sollicitūdinis *f.*	Sorge; Unruhe; Kummer
sollicitus, -a, -um (*kurzes* i)	unruhig; besorgt; sorgfältig
solum, -ī *n.* (*kurzes* o)	Erdboden
sōlum *Adv.*	allein; nur
nōn sōlum ... sed/vērum etiam	nicht nur ... sondern auch
sōlus, -a, -um, *Gen.* sōlīus, *Dat.* sōlī	allein; einzig [→ Solo]
solūtus, -a, -um (*kurzes* o)	ungebunden; frei [solvere]
solvere, solvī, solūtum	lösen; bezahlen; einlösen; befreien
nāvēs solvere	die Anker lichten; lossegeln
somnium, somniī *n.*	Traum; Traumbild
somnus, -ī *m.*	Schlaf
sonāre, sonuī, (sonātūrus) (*kurzes* o)	tönen [→ Kon-sonant]
sonus, -ī *m.* (*kurzes* o)	Ton; Klang; Schall
sordēs, sordis *f.* (*gem. Dekl.*)	Schmutz; Gemeinheit
sordidus, -a, -um	schmutzig; gemein
soror, sorōris *f.* (*kurzes* o)	Schwester
sors, sortis *f.* (*gem. Dekl.*)	Schicksal; Los; Orakel
sortīrī, sortior, sortītus sum	losen; auslosen
sospes, sospes, sospes, *Gen.* sospitis	wohlbehalten; unversehrt (*Adj. der kons. Dekl.*)
spargere, sparsī, sparsum	streuen; verbreiten; bespritzen
spatiōsus, -a, -um (*kurzes* a)	geräumig; weit
spatium, spatiī *n.* (*kurzes* a)	Strecke; Raum; Frist [→ spazieren]
speciēs, speciēī *f.* (*erstes* e *kurz*)	Gestalt; Aussehen; Schein; Art [→ Spezies; → speziell]
spectāculum, -ī *n.*	Schauspiel; Anblick
spectāre	betrachten; schauen; nach *etw.* trachten

spectātor, spectātōris *m.*	Zuschauer
specus, specūs *m.* (*kurzes* e)	Höhle
spērāre *m. Akk.-Obj. oder m. futur. aci*	hoffen; erwarten
spernere, sprēvī, sprētum	verachten; verschmähen; zurückweisen
spēs, speī *f.*	Hoffnung; Erwartung; Chance
spem pōnere in *m. Abl.*	die Hoffnung auf *etw.* setzen
spē dēicere	in der Hoffnung täuschen
spīrāre	atmen; hauchen; begeistert sein
spīritus, spīritūs *m.* (*zweites* i *kurz*)	Hauch; Atem; Seele; Geist; Gesinnung [→ spirituell]
splendēre, splenduī, —	glänzen
splendidus, -a, -um	glänzend; prächtig
splendor, splendōris *m.*	Glanz; Pracht; Ansehen
spolia, spoliōrum *Pl. n.* (*kurzes* o)	erbeutete Rüstung (*Sg.*); Beute (*Sg.*)
spoliāre (*kurzes* o)	plündern
m. Abl.	*einer Sache* berauben
sponte *Adv.*	absichtlich; von selbst [*eigentl. Abl. Sg. v.* *spōns]
suā sponte	freiwillig [→ spontan]
stabilis, -is, -e (*kurzes* a)	fest stehend; standhaft; dauerhaft
stabulum, -ī *n.* (*kurzes* a)	Stall
stāre, stetī, statum (stātūrus)	stehen
statim *Adv.* (*kurzes* a)	sofort; auf der Stelle [stāre]
statiō, statiōnis *f.* (*kurzes* a)	Stellung; Wachposten
statua, -ae *f.* (*kurzes* a)	Standbild
statuere, statuī, statūtum (*kurzes* a)	aufstellen; festsetzen; beschließen
statūra, -ae *f.* (*kurzes* a)	Gestalt; Wuchs; Statur
status, statūs *m.* (*kurzes* a)	Stand; Zustand [→ Status; Staat]
stēlla, -ae *f.* (*langes* ē)	Stern
stérilis, -is, -e (*Betonung!*)	unfruchtbar
sternere, strāvī, strātum	hinstreuen; hinwerfen; bedecken [→ Straße]
stilus, -ī *m.* (*kurzes* i)	Stift; Griffel
stimulus, -ī *m.* (*kurzes* i)	Stachel; Ansporn
stipendium, stipendiī *n.* (*kurzes* i)	Sold; Kriegsdienst; Tribut (*Zwangsabgabe*)
stipendia merēre	Kriegsdienst leisten; dienen
stirps, stirpis *f.* (*gem. Dekl.*)	Wurzel; Ursprung; Familie; Spross
Stōicus, -ī *m.*	Stoiker
strēnuus, -a, -um	energisch; tatkräftig; entschlossen
strepitus, strepitūs *m.* (*kurzes* e)	Lärm; Getöse
stringere, strīnxī, strictum	(*das Schwert*) zücken; ziehen; schnüren; abstreifen [strīnxī?]
struere, strūxī, strūctum (ŭ *bzw.* ū)	schichten; bauen
studēre, studuī, — (*kurzes* u)	sich bemühen; sich widmen; streben; studieren
studiōsus, -a, -um (*kurzes* u)	eifrig
studium, studiī *n.* (*kurzes* u)	Bemühung; Eifer; Engagement; Interesse; Beschäftigung
stultitia, -ae *f.* (*kurzes* i)	Dummheit
stultus, -a, -um	dumm; töricht [→ stolz]

stupēre, stupuī, — (*kurzes* u)	staunen; verblüfft sein
stupidus, -a, -um (*kurzes* u)	dumm; stumpfsinnig
stuprum, -ī *n.* (*kurzes* u)	Unzucht; unsittliches Verhalten
suādēre, suāsī, suāsum	raten; zuraten; empfehlen (suā-dē-re *dreisilbig*)
suāvis, -is, -e	süß; angenehm; liebenswürdig (suā-vis *zweisilbig*)
sub *m. Akk.*	unter *etw.* (*wohin?*)
m. Abl.	unter *etw.* (*wo?*); unten an *etw.*
sub monte	am Fuß des Berges
sub vesperum	gegen Abend
subdūcere, subdūxī, subductum	hinaufziehen; wegnehmen; heimlich hinführen
subicere, subiciō, subiēcī, subiectum	unterwerfen; unter *etw.* legen (subiciō *sprich* subjiciō)
subigere, subēgī, subāctum	unterwerfen; zwingen [agere]
subīre, súbeō, súbiī, súbitum	unter *etw.* gehen; nahe herangehen; auf sich nehmen
subitō *Adv.* (*kurzes* u)	plötzlich
sublevāre (*kurzes* e)	aufrichten; unterstützen
submittere, submīsī, submissum	herunterlassen; zu Hilfe schicken
submovēre, submōvī, submōtum	entfernen; wegnehmen; beiseiteschaffen
súbsequī, súbsequor, subsecūtus sum	(unmittelbar) folgen
subsidium, subsidiī *n.* (*kurzes* i)	Rückhalt; Hilfe; Verstärkung; Reserve
subtīlis, -is, -e	fein; schlicht; ungekünstelt; scharfsinnig
subvenīre, subvēnī, subventum	zu Hilfe kommen [→ Subvention]
subvertere, subvertī, subversum	umwerfen; umstürzen
succēdere, successī, successum	vorrücken; nachrücken; an die Stelle treten; gelingen
succurrere, succurrī, succursum	zu Hilfe eilen
sufferre, súfferō, sústulī, sublātum	ertragen; aushalten
sufficere, sufficiō, suffēcī, suffectum	genügen; ausreichen
suffrāgium, suffrāgiī *n.*	Abstimmung; Ausübung des Stimmrechts
sūmere, sūmpsī, sūmptum (*langes* ū)	nehmen; an sich nehmen
summa, -ae *f.*	Hauptsache; Gesamtheit
summa imperiī	Oberbefehl
summittere	→ submittere
summovēre	→ submovēre
summus, -a, -um	der oberste; der höchste; der letzte [→ Summe]
summō in monte	oben auf dem Berg; auf der Bergspitze
in summō monte	auf dem höchsten Berg
sūmptus, sūmptūs *m.* (*langes* ū)	Aufwand (*Sg.*); Kosten (*Pl.*)
super *m. Akk.* (*kurzes* u)	über *etw.*; über *etw.* hinaus (*wohin?*)
m. Abl.	oben auf *etw.*; oberhalb von *etw.*; über *etw.* (*wo?*)
superāre (*kurzes* u)	überwinden; besiegen; übertreffen
superbia, -ae *f.* (*kurzes* u)	Hochmut; Stolz
superbus, -a, -um (*kurzes* u)	hochmütig; stolz; erhaben
superesse, supérsum, supérfuī, —	übrig sein; überlegen sein; (reichlich) vorhanden sein
superior, -ior, -ius, *Gen.* superiōris	weiter oben; der (*räuml.*) höhere; der (*zeitl.*) vorige; der (*zeitl.*) frühere; der überlegene

supérstes, -stes, -stes, *Gen.* supérstitis	überlebend (*eines der wenigen Adjektive der kons. Dekl.*)
superstitiō, superstitiōnis *f.* (*kurzes* i)	Aberglaube
súperus, -a, -um (*kurzes* u)	der obere; der oben befindliche; *prädikativ:* oben (*Adv.*)
súperī, superōrum *Pl. m.*	Bewohner des Himmels; Götter
supervacuus, -a, -um (*kurzes* a)	überflüssig; unnütz
suppeditāre (*kurzes* e, *kurzes* i)	zur Verfügung stellen; reichlich vorhanden sein [pēs]
suppetere, suppetīvī, suppetītum	reichlich vorhanden sein; ausreichen
supplēre, supplēvī, supplētum	nachfüllen; ergänzen
supplex, -plex , -plex, *Gen.* súpplicis	demütig bittend; flehentlich
supplicāre (*kurzes* i)	(demütig) beten
supplicātiō, supplicātiōnis *f.* (*kurzes* i)	(öffentlicher) Bettag; Bußtag; Dankfest
supplicium, suppliciī *n.* (*kurzes* i)	flehentliches Bitten; Opfer; Todesstrafe; Hinrichtung
suprā *m. Akk.* (*kurzes* u)	oberhalb von *etw.*; über *etw.* hinaus
suprā *Adv.* (*kurzes* u)	oben
suprēmus, -a, -um	der oberste; der äußerste; der letzte; der früheste
surgere, surrēxī, surrēctum	aufstehen; sich erheben [regere]
suscēnsēre, suscēnsuī, — (*langes* ē)	zürnen; aufgebracht sein
suscipere, suscipiō, -cēpī, -ceptum	unternehmen; übernehmen; auf sich nehmen [capere]
suspéndere, suspendī, suspēnsum	aufhängen; unentschieden lassen
suspicārī, suspicor, suspicātus sum	beargwöhnen; vermuten; einen Verdacht haben
suspicere, suspiciō, -spexī, -spectum	beargwöhnen; vermuten [-spēxī? → suspekt]
suspīciō, suspīciōnis *f.*	Verdacht; Vermutung
sustentāre	stützen; aushalten [*Intensivum zu* sustinēre]
sustinēre, sustinuī, sustentum	hochhalten; aushalten; ertragen; leisten
suus, -a, -um	sein/ihr; sein/ihr eigener
suī, suōrum *Pl. m.*	seine/ihre Leute; die Seinigen/Ihrigen
sua, suōrum *Pl. n.*	seine/ihre Habe (*Sg.*)

T

tabella, -ae *f.* (*kurzes* a)	Tafel; Liste
taberna, -ae *f.* (*kurzes* a)	Gasthaus; Wirtshaus; Laden; Werkstatt
tabula, -ae *f.* (*kurzes* a)	Brett; Tafel; Verzeichnis; Karte
tabula picta	Gemälde
tacēre, tacuī, tacitum (*kurzes* a)	schweigen; verschweigen
tacitus, -a, -um (*kurzes* a)	lautlos; verschwiegen
taedium, taediī *n.* (*m. Gen.*)	Überdruss (an *etw.*); Ekel (vor *etw.*)
tālis, -is, -e	solch ein; so beschaffen; derartig
tālis … quālis	so … wie
tam *Adv.*	so sehr
m. Adj.	ein so *m. Adj.*; ein solch *m. Adj.*
tam … quam	so … wie
tamen (*kurzes* a)	dennoch; trotzdem; freilich; gleichwohl [≠ tandem »endlich«]
tametsī	auch wenn; obgleich

tamquam *Adv.*	wie; gleichwie; gleichsam; sozusagen
tamquam *m. Konj.*	so als ob; weil angeblich
tandem *Adv.*	endlich; *nach Fragewörtern:* eigentlich [≠ tamen »dennoch«]
tangere, tétigī, tāctum	berühren [→ Tango; Takt; Tangente]
tantopere / tantō opere	so sehr
tantum *Adv.*	nur; so sehr; so viel
tantum ... quantum	so viel ... wie; so sehr ... wie; im selben Maße wie
tantummodo *Adv.*	nur
tantus, -a, -um	so groß; *n.*: so viel
tantus ... quantus	so groß ... wie
tardāre	verlangsamen; aufhalten; zaudern [→ Ri-tardando]
tardus, -a, -um	langsam; träge
taurus, -ī *m.*	Stier
tē (*Akk.*)	dich (*Akk.*) [tē *kann aber auch Abl. sein, dann meistens mit Präp.*]
im aci	du (*i. Lat. Subjektsakk.*); dich (*i. Lat. Akk.-Obj.*)
tēctum, -ī *n.* (*langes* ē)	Dach; Haus
tēcum	mit dir
tegere, tēxī, tēctum (ĕ *bzw.* ē)	bedecken; schützen
tellūs, tellūris *f.*	Erde
tēlum, -ī *n.*	Wurfgeschoss; Waffe
temerārius, -a, -um (*kurzes* e)	unüberlegt
temere *Adv.* (*kurzes* e)	planlos; blindlings [*eigentl. Abl. Sg. v.* *temos: »im Dunkeln«]
temeritās, temeritātis *f.* (*kurzes* e)	Unbesonnenheit; Leichtsinn; Verwegenheit; planloser Zufall
temperāns, -ns, -ns, *Gen.* temperantis	mäßig; zurückhaltend
temperantia, -ae *f.*	Mäßigung; Selbstbeherrschung
temperāre	Maß halten [≠ temptāre »versuchen«]
m. Akk.	*etw.* ordnen; *etw.* lenken; *etw.* mäßigen
m. Abl.	sich von *etw.* fernhalten
m. Dat.	*etw.* mit Maß gebrauchen
temperātiō, temperātiōnis *f.* (*kurzes* e)	Gleichmaß; Organisation
temperātus, -a, -um	gemäßigt
tempestās, tempestātis *f.*	Zeit(abschnitt); Wetter; Unwetter; Gewitter; Sturm
eā tempestāte	zu diesem Zeitpunkt; in dieser Lage
tempestīvus, -a, -um	rechtzeitig; frühzeitig
templum, -ī *n.*	Tempel; heiliger Bezirk
temptāre	betasten; angreifen; versuchen [≠ temperāre »Maß halten«]
temptātiō, temptātiōnis *f.*	Versuchung; Probe
tempus, témporis *n.*	Zeit; Zeitpunkt; Zeitumstand [→ Temporal-satz]
ex eō tempore	seit dieser Zeit
tempore / in tempore	rechtzeitig
tendere, tetendī, tentum/tēnsum	spannen; ausstrecken; streben; sich anstrengen
tenebrae, tenebrārum *Pl. f.*	Dunkelheit (*Sg.*); Finsternis (*Sg.*)
tener, tenera, tenerum (*kurzes* e)	zart; empfindsam; weich; jugendlich

tenēre, tenuī, tentum (*erstes* e *kurz*)	halten; festhalten; besitzen; haben
tentōrium, tentōriī *n*.	Zelt [tendere]
tenuis, -is, -e (*kurzes* e)	zart; dünn
ter *Adv*.	dreimal
terere, trīvī, trītum (*kurzes* e)	aufreiben; abreiben; vergeuden
tergum, -ī *n*.	Rücken
ā tergō	von hinten
terga dare/vertere	fliehen
terminus, -ī *m*.	Grenzpfahl; Grenze [→ Termin]
terra, -ae *f*.	Land; Erde
terrā marīque	zu Land und zu Wasser
terrēre, terruī, territum	*jdn*. erschrecken; einschüchtern
terrestris, -is, -e	irdisch; Erd-... [terra]
terribilis, -is, -e (*kurzes* i)	schrecklich
terror, terrōris *m*.	Schrecken
terrōrem inicere	Schrecken einjagen
tertiō *Adv*.	zum dritten Mal
tertius, -a, -um	der dritte
testāmentum, -ī *n*. (*langes* ā)	Testament [tēst-?]
testārī, testor, testātus sum	als Zeugen anrufen; bezeugen [tēst-?]
testimōnium, testimōniī *n*. (*kurzes* i)	Zeugenaussage; Zeugnis [tēst-?]
testis, testis *m./f*. (*gem. Dekl*.)	Zeuge/Zeugin [tēst-?]
theātrum, -ī *n*. (*kurzes* e)	Theater; Publikum
thēsaurus, -ī *m*.	Schatz
tibī/tibi	dir; für dich
timēre, timuī, — (*kurzes* i)	fürchten; sich ängstigen; vor *etw*. Angst haben
timēre nē *m. Konj*.	fürchten, dass (*ohne dt. Negation!*)
timēre ut *m. Konj*.	fürchten, dass nicht
timidus, -a, -um (*erstes* i *kurz*)	ängstlich; furchtsam
timor, timōris *m*. (*kurzes* i)	Furcht; Angst
tingere, tīnxī, tīnctum	benetzen; befeuchten [tĭnxī, tĭnctum?]
titulus, -ī *m*. (*kurzes* i)	Aufschrift; Titel
toga, -ae *f*. (*kurzes* o)	Toga; Mantel
toga praetexta	Toga mit Purpursaum; Amtskleid
togātus, -a, -um (*kurzes* o)	mit einer Toga bekleidet; zivil; römisch
tolerāre (*kurzes* o)	ertragen; erdulden [→ tolerant]
tollere, sústulī, sublātum	hochheben; aufheben; erheben; beseitigen
ē/dē mediō tollere	beseitigen; ermorden
tondēre, totondī, tōnsum	scheren; abrasieren
tōnsor, tōnsōris *m*.	Friseur; Barbier
tormentum, -ī *n*.	Winde; Geschütz; Folter
torquēre, torsī, tortum	drehen; schleudern; quälen [→ Torte]
tot *indekl*.	so viele
tot ... quot	so viele ... wie

totiēns *Adv.* (*kurzes* o)	so oft
tōtus, -a, -um, *Gen.* tōtīus, *Dat.* tōtī	ganz; gesamt [→ total]
tractāre	sich mit *etw.* beschäftigen; *jdn.* behandeln; herumzerren
trādere, trādidī, trāditum	übergeben; überliefern; ausliefern; anvertrauen [dare]
trāditur *m. nci*	es wird überliefert, dass er …; der Überlieferung nach macht er *etw.* / hat er *etw.* gemacht
trādūcere, trādūxī, trāductum *m. dopp. Akk.*	hinüberführen; *jdn.* über *etw.* führen (z. B. exercitum flūmen)
tráhere, trāxī, tractum (ă *bzw.* ā)	ziehen; schleppen; raffen
trāicere, trāiciō, trāiēcī, trāiectum	hinübersetzen; durchbohren (trāiciō *sprich* trājiciō)
tranquillitās, tranquillitātis *f.*	Ruhe; Frieden
tranquillus, -a, -um	ruhig; still [quiēs]
trāns *m. Akk.*	jenseits *einer Sache*; über *etw.* hinaus; über *etw.* hinweg
trānscendere, trānscendī, -cēnsum	übersteigen; überschreiten
trānsferre, trānsferō, trānstulī, -lātum	hinübertragen; verlegen; übertragen [→ *engl.* to translate]
trānsfīgere, trānsfīxī, trānsfīxum	durchbohren; durchstechen
trānsfuga, trānsfugae *m.* (!) (*kurzes* u)	Überläufer
trānsgredī, trānsgredior, -gressus sum	überschreiten; übertreten
trānsilīre, trānsiluī, — (*kurzes* i)	hinüberspringen
trānsīre, trānseō, trānsiī, trānsitum	hinübergehen; überqueren; vorübergehen
trānsitus, trānsitūs *m.*	Übergang; Durchfahrt; Verkehr
trānsmittere, trānsmīsī, trānsmissum	hinübersenden; überschreiten
trānsportāre	befördern; hinüberbringen
trepidāre (*kurzes* e, *kurzes* i)	sich ängstigen; zittern; unschlüssig sein
trepidus, -a, -um (*kurzes* e, *kurzes* i)	zitternd; ängstlich
trēs, trēs, tria, *Gen.* trium	drei
tribuere, tríbuī, tribūtum (*kurzes* i)	zuteilen; zuweisen; erweisen; geben; widmen
tribūnātus, tribūnātūs *m.* (*kurzes* i)	der/das Tribunat (*Amt eines Tribun*)
tribūnicius, -a, -um (*kurzes* i)	tribunizisch
tribūnicia potestās	Amtsgewalt der Volkstribunen; Volkstribunat
tribūnus, -ī *m.* (*kurzes* i)	Tribun
tribūnus mīlitum	Militärtribun (*hoher Offizier*)
tribūnus plēbis	Volkstribun
tribus, tribūs *f.* (!) (*kurzes* i)	die Tribus (*Stadt- u. Stimmbezirk*) [≠ *Dat./Abl. v.* trēs]
tribūtum, -ī *n.* (*kurzes* i)	Abgabe; Zwangsabgabe; Steuer
trīduum, trīduī *n.*	Zeitraum von drei Tagen; drei Tage [trēs, diēs]
triennium, trienniī *n.* (*kurzes* i)	Zeitraum von drei Jahren; drei Jahre [trēs, annus]
trīgintā *indekl.*	dreißig
trīstis, -is, -e (*langes* ī)	traurig
trīstitia, -ae *f.* (*erstes* ī *lang, zweites* i *kurz*)	Traurigkeit
triumphāre (*kurzes* i)	einen Triumph feiern
triumphus, -ī *m.* (*kurzes* i)	Triumph; Siegeszug
trucīdāre (*kurzes* u)	niedermetzeln; töten [caedere]
truncus, -ī *m.*	Baumstamm; Rumpf

tū	du
tuba, -ae *f.* (*kurzes* u)	Trompete
tuērī, tueor, tuitus/tūtus sum	anschauen; beachten; beschützen; erhalten
tum *Adv.*	dann; damals; darauf
tumidus, -a, -um (*kurzes* u)	geschwollen; aufgeblasen; aufbrausend
tumultus, tumultūs *m.* (*kurzes* u)	Lärm; Aufruhr
tumulus, -ī *m.* (*kurzes* u)	Hügel
tunc *Adv.*	damals; dann; darauf
tunica, -ae *f.* (*kurzes* u)	Tunika; Untergewand; Hemd
turba, -ae *f.*	Verwirrung; Menschengewühl; Gedränge; Schar; Lärm
turbāre	durcheinanderbringen; verwirren; stören; trüben
turbidus, -a, -um	unruhig; verstört; erregt
turbō, turbinis *f.*	Wirbel; Wirbelwind; Sturm [→ turbulent]
turpis, -is, -e	hässlich; schändlich; moralisch schlecht; verwerflich
turpitūdō, turpitūdinis *f.* (*kurzes* i)	Hässlichkeit; Schändlichkeit; Schande
turris, turris *f.* (*i-Dekl.*)	Turm
tūtēla, -ae *f.*	Schutz; Vormundschaft
tūtō *Adv.*	sicher; ohne Risiko
tūtus, -a, -um (ā *m. Abl.*)	(vor *etw.*) sicher; (vor *etw.*) geschützt
tuus, -a, -um (*kurzes* u)	dein
tuī, tuōrum *Pl. m.*	deine Leute; die Deinigen
tyrannus, -ī *m.* (*kurzes* y)	Tyrann; Alleinherrscher; Gewaltherrscher

U

ūber, ūber, ūber, *Gen.* ūberis	fruchtbar; ergiebig (*eines der wenigen Adjektive der kons. Dekl.; Abl. Sg. gelegentl. aber auch* ūberī)
ubī/ubi *Adv.* (*kurzes* u)	wo [≠ ubī *m. Ind. Perf.* »sobald«]
ubī / ubī prīmum *m. Ind. Perf.*	sobald (*i. Dt. immer vorzeitig*)
ubicumque *Adv.*	wo auch immer
ubīque *Adv.*	überall; wo auch immer
ulcīscī, ulcīscor, ultus sum *m. Akk.*	*etw.* rächen; sich an *jdm.* rächen; *jdn.* strafen
ūllus, -a, -um, *Gen.* ūllīus, *Dat.* ūllī	irgendein; irgendwer
neque ūllus	und kein
ulterior, -ior, -ius, *Gen.* ulteriōris	der jenseitige; der weiter entfernte
ultimus, -a, -um	der letzte; der äußerste
ultrā *m. Akk.*	jenseits von
ultrō *Adv.*	von selbst; freiwillig; noch dazu
…-ulus, -a, -um	…-chen; …-lein (*Deminutivform*)
umbra, -ae *f.*	Schatten
umerus, -ī *m.* (*kurzes* u)	Oberarm; Schulter
ūmor, ūmōris *m.*	Feuchtigkeit
umquam *Adv.*	jemals
ūnā (cum) *m. Abl.*	zusammen (mit)

unda, -ae *f.*	Welle; Woge; Gewässer
ūndecim *indekl.* (*langes* ū, *kurzes* e)	elf
unde *Adv.*	woher; wovon
ūndēvīcēsimus, -a, -um (*langes* ū)	der neunzehnte
undique *Adv.*	von allen Seiten; auf allen Seiten; überall; ringsum
ūnicus, -a, -um (*kurzes* i)	einzig; einzigartig; vorzüglich
ūnitās, ūnitātis *f.* (*kurzes* i)	Einheit
ūniversus, -a, -um (*langes* ū, *kurzes* i)	gesamt; allgemein [→ Universität; universal]
ūniversī, ūniversōrum *Pl. m.*	alle
ūnus, -a, -um, *Gen.* ūnīus, *Dat.* ūnī	ein; ein einziger; einzigartig
id ūnum	dies allein; dies eine; gerade dies
ad ūnum omnēs	alle ohne Ausnahme
ūnusquisque, ūnīuscuiusque *m.*	jeder Einzelne [*auch* ūnus quisque *geschrieben*]
urbānus, -a, -um	städtisch; fein; gebildet
urbs, urbis *f.* (*gem. Dekl.*)	(*sehr bedeutende*) Stadt; Rom
ūrere, ussī, ustum	brennen; verbrennen; versengen [ūssī, ūstum?]
urgēre, ursī, —	drängen; bedrängen; belästigen [→ *engl.* urgent]
urna, -ae *f.*	Krug
usquam *Adv.*	irgendwo [ūs-?]
ūsque *Adv.*	in einem fort; ununterbrochen
ūsque ā *m. Abl.*	von … her; seit
ūsque ad *m. Akk.*	bis zu
ūsque eō ut *m. Konj.*	so sehr, dass
ūsus, ūsūs *m.*	Gebrauch; Nutzen; Erfahrung; Praxis; Übung
ūsuī (*Dat. fin.*) esse	Nutzen bringen; nützlich sein
ex ūsū *m. Dat.*	vorteilhaft für *jdn.*
ut/utī *Adv.*	wie; so wie
ut … ita	wie … so; zwar … aber
ut/utī *m. Ind.*	wie
ut prīmum *m. Ind. Perf.*	sobald (*i. Dt. immer vorzeitig*)
ut *m. Konj.*	dass; damit; sodass; wenn auch
ut nōn *m. Konj.*	(so)dass nicht (*konsekutiv; vgl. finales* nē: damit nicht)
uter, utra, utrum, *Gen.* utrīus, *Dat.* utrī	welcher (von beiden) (*kurzes* u)
uterque, utraque, utrumque (*kurzes* u)	jeder (von beiden) (*Sg.*); alle beide (*Pl.*)
Gen. utrīusque, *Dat.* utrīque	
uterus, -ī *m.* (*kurzes* u)	Mutterleib
utī (*kurzes* u)	→ ut
ūtī, ūtor, ūsus sum *m. Abl. instr.*	*etw.* gebrauchen; *etw.* benutzen
auctōritāte ūtī	Ansehen genießen
ūtilis, -is, -e	nützlich; brauchbar
ūtilitās, ūtilitātis *f.* (*kurzes* i)	Nutzen; Vorteil
utinam (*kurzes* u)	hoffentlich; wenn doch; o dass doch
utinam nē	hoffentlich nicht; wenn nur nicht
utique *Adv.* (*kurzes* u)	jedenfalls

utrimque *Adv.* (*kurzes* u)	auf beiden Seiten
utrum ... an (*kurzes* u)	ob ... oder (ob)
utrum ... necne	ob ... oder (ob) nicht
uxor, uxōris *f.*	Ehefrau; Gattin

V

vacāre (*kurzes* a)	leer sein
m. Abl.	von *etw.* frei sein
m. Dat.	für *etw.* frei sein; für *etw.* Zeit haben; sich widmen
vacuus, -a, -um (*kurzes* a)	leer
m. Abl. / m. ā + *Abl.*	frei von *etw.*
m. Dat.	frei für *etw.*
vadum, -ī *n.* (*kurzes* a)	Untiefe; Furt [→ waten]
vae!	wehe! Hilfe!
vagārī, vagor, vagātus sum (*kurzes* a)	umherstreifen [→ Vagabund]
vagus, -a, -um (*kurzes* a)	unstet; umherschweifend; unbestimmt; ungebunden
valdē *Adv.*	sehr
valēns, valēns, valēns, *Gen.* valentis	stark; kräftig
valēre, valuī, (valitūrus)	gesund sein; stark sein; vermögen; Bedeutung haben
valēre ad *m. Akk.*	zu *etw.* (ver-)helfen
multum valēre	großen Einfluss haben
plūs valēre	mehr Einfluss haben; stärker sein
plūrimum valēre	größten Einfluss haben
valē/valēte	lebe/lebt wohl
valētūdō, valētūdinis *f.* (*kurzes* a)	Gesundheitszustand; Gesundheit; Krankheit
validus, -a, -um (*kurzes* a)	stark; gesund
vallis, vallis *f.* (*gem. Dekl.*)	Tal
vallum, -ī *n.*	Verschanzung; Wall
vānitās, vānitātis *f.* (*kurzes* i)	Eitelkeit; Misserfolg
vānus, -a, -um	eitel; leer; nichtig; wertlos
vāna, vānōrum *Pl. n.*	das Belanglose (*Sg.*); das Gleichgültige (*Sg.*)
varietās, varietātis *f.* (*kurzes* a/i/e)	Vielfalt; Mannigfaltigkeit [→ Varieté]
varius, -a, -um (*kurzes* a)	verschieden; bunt; vielfältig [→ variabel; Variation]
vās, vāsis *n.* (*kons. Dekl.*)	Gefäß [→ Vase]
Pl. vāsa, vāsōrum (*o-Dekl.*)	Gerät; Gepäck
vāstāre (*langes* ā)	verwüsten
vāstus, -a, -um (*langes* ā)	öde; wüst; ungeheuer weit; ungeheuer groß
vātēs, vātis *m./f.*	Seher(in); Prophet(in); »Sprachrohr« *einer Gottheit* (*Gen. Pl.* vātum/vātium)
...-ve	oder
vectīgal, vectīgālis *n.* (*langes* ī)	Abgabe; Zoll
vectīgālia, vectīgālium *Pl. n.*	Steuereinkünfte
vehemēns, -ns, -ns, *Gen.* vehementis	heftig; energisch

vehere, vēxī, vectum (ĕ *bzw.* ē)	fahren (*trans.*); befördern; transportieren [→ Vehikel]
vehī, vehor, vectus sum (*kurzes* e)	fahren (*intrans.*); reiten; segeln [→ Vehikel]
vehiculum, -ī *n.* (*kurzes* e, *kurzes* i)	Fahrzeug; Wagen
vel	oder; oder vielmehr; beziehungsweise; sogar
vel ... vel	entweder ... oder; teils ... teils
vēlāre	verhüllen; verdecken; bedecken
velle, volō, voluī, —	wollen [volō »ich will« ≠ volō »ich fliege«]
vellus, vélleris *n.*	Fell; Vließ
vēlōx, vēlōx, vēlōx, *Gen.* vēlōcis	schnell
vēlum, -ī *n.*	Segel; Tuch
vēla dare	die Segel hissen; lossegeln
velut/velutī *Adv.*	so wie; gleich wie; wie zum Beispiel
vēnārī, vēnor, vēnātus sum	jagen; auf die Jagd gehen
vēnātiō, vēnātiōnis *f.*	Jagd
vēnātor, vēnātōris *m.*	Jäger
vēndere, vēndidī, vēnditum	verkaufen [< vēnum dare »zum Verkauf geben«; vĕnd-?]
Pass. vēnīre, vēneō, vēniī, —	verkauft werden [≠ venīre »kommen«]
vēnditor, vēnditōris *m.*	Verkäufer [vĕnd-?]
venēnum, -ī *n.* (*erstes* e *kurz*)	Saft; Zaubertrank; Gift
venerārī, veneror, -ātus sum (*kurzes* e)	verehren; anflehen
venia, -ae *f.* (*kurzes* e)	Erlaubnis; Verzeihung
veniam dare *m. Dat.*	jdm. verzeihen
vēnīre, vēneō, vēniī, — (*langes* ē)	verkauft werden [< vēnum īre »zum Verkauf gehen«]
venīre, vēnī, ventum (*kurzes* e)	kommen; gelangen [≠ vēnīre »verkauft werden«]
venter, ventris *m.* (*gem. Dekl.*)	Bauch; Unterleib
ventus, -ī *m.*	Wind [→ Ventilator]
venustus, -a, -um (*kurzes* e)	reizend; nett; anmutig; liebenswürdig [Venus]
vēr, vēris *n.*	Frühling
verbera, verberum *Pl. n.*	Schläge [*Nom. Sg. ungebräuchl., Gen./Abl. Sg. selten*]
verberāre (*kurzes* e)	prügeln; schlagen
verbum, -ī *n.*	Wort [→ verbal]
verba dare	täuschen; hinters Licht führen
verba facere	sprechen; reden
vērē *Adv.*	wahrlich; wirklich; tatsächlich; aber
vir vērē Rōmānus	ein wahrhaft römischer Mann
verēcundia, -ae *f.* (*erstes* e *kurz*)	Scheu; Scham; Zurückhaltung
verērī, vereor, veritus sum	Bedenken haben; verehren; achten
m. Inf.	sich nicht trauen, *etw.* zu *tun*; sich scheuen, *etw.* zu *tun*
verērī nē *m. Konj.*	fürchten, dass (*ohne dt. Negation!*)
veritus	aus Furcht [*eigentl. prädikativ:* »sich gefürchtet habend«]
vergere, —, —	sich neigen; sich erstrecken
vēritās, vēritātis *f.* (*kurzes* i)	Wahrheit
vērō *Adv.*	aber; wahrlich; tatsächlich; vollends
versārī, versor, versātus sum	sich aufhalten; sich befinden; sich beschäftigen

versus, versūs *m.*	Vers; Wendung; Reihe
vertere, vertī, versum	drehen; wenden
sē vertere	umkehren
vertex, vérticis *m.*	Wirbel; Scheitel; Haupt
vērum, -ī *n.*	Wahrheit
vērum *Adv.*	aber; (in Wahrheit) jedoch; in der Tat
nōn modo/sōlum ... vērum etiam	nicht nur ... sondern auch
vērus, -a, -um	wahr; wahrhaft; richtig; wirklich; echt [→ veri-fizieren]
rē vērā	wirklich; tatsächlich
vēsānus, -a, -um	wahnsinnig
vesper, vesperī *m.*	Abend (*Abl. Sg. auch* vespere)
vesperī	am Abend; abends [*alter Lokativ als Angabe eines Zeitpunkts*]
ad/sub vesperum	gegen Abend
vespertīnus, -a, -um	abendlich; Abend-...
vester, vestra, vestrum	euer
vestrī, vestrōrum *Pl. m.*	eure Leute; die Eurigen
vestibulum, -ī *n.* (*kurzes* i)	Vorhalle; Eingang
vestīgium, vestīgiī *n.*	Spur; Standort
vestīmentum, -ī *n.* (*langes* ī)	Kleidungsstück; Decke
vestīre	bekleiden; bedecken
vestis, vestis *f.* (*gem. Dekl.*)	Kleid; Kleidungsstück; Bekleidung [→ Weste]
vestītus, vestītūs *m.*	Kleidung; Tracht
vestrī (*Gen. obi.*) / vestrum (*Gen. part.*)	→ vōs
vetāre, vetuī, vétitum (*kurzes* e)	verbieten [→ Veto]
veterānus, -ī *m.* (*kurzes* e)	Veteran
vetus, vetus, vetus, *Gen.* veteris	alt (*eines der wenigen Adjektive der kons. Dekl.*)
vetustās, vetustātis *f.* (*kurzes* e)	Alter; lange Dauer; alte Zeit [vetus]
vetustus, -a, -um (*kurzes* e)	alt
vexāre	quälen; bedrängen; umhertreiben; misshandeln
vexillum, -ī *n.*	Fahne; Abteilung [vēx-? *vgl.* vēlum]
via, viae *f.* (*kurzes* i)	Weg; Straße; Methode
viā lātā	auf breiter Straße
viātor, viātōris *m.* (*kurzes* i)	Wanderer
vīcīnus, -a, -um	benachbart
vīcīnus, -ī *m.*	Nachbar [vīcus]
—, vicis,—, vicem, vice (*kurzes* i)	Wechsel; Stellvertretung; Gegenleistung
Pl. vicēs, —, —, vicēs, vicibus	[*Nom./Dat. Sg. u. Gen./Dat. Pl. ungebräuchl.*]
victor, victōris *m.*	Sieger
victōria, -ae *f.*	Sieg
victrīx, victrīcis *f.* (*zweites* ī *lang*)	Siegerin
victus, -a, -um (*kurzes* i)	besiegt [vincere]
vīctus, vīctūs *m.* (*langes* ī)	Nahrung; Lebensunterhalt; Lebensweise [vīvere]
vīcus, -ī *m.*	Gehöft; Dorf; Stadtviertel; Gasse
vidēlicet (*kurzes* i)	offenbar

vidēre, vīdī, vīsum (*kurzes* i)	sehen; einsehen
(id) vidēre ut *m. Konj.*	darauf achten, dass; dafür sorgen, dass
vidērī, videor, vīsus sum (*kurzes* i)	scheinen (*meistens mit nci*); gut erscheinen
vigēre, viguī, — (*kurzes* i)	stark sein; etwas gelten; in Ansehen stehen
vigilāre (*kurzes* i)	wachen; wachsam sein; wach sein
vigilia, -ae *f.* (*drei kurze* i)	Nachtwache; Wachposten; Wachsein; Schlafentzug
dē tertiā vigiliā	noch während der dritten Nachtwache (*zw. Mitternacht u. 3 Uhr morgens*)
vīgintī *indekl.*	zwanzig
vīlicus, -ī *m.*	Gutsverwalter
vīlis, -is, -e	billig; wertlos
vīlla, -ae *f.* (*langes* ī)	Haus; Landhaus
vīlla rūstica	Landgut
vincere, vīcī, victum	siegen; besiegen
vincīre, vinxī, vinctum	binden; fesseln [vīnxī, vīnctum? ≠ vincere »siegen«]
vinculum/vinclum, vinc(u)lī *n.*	Fessel; Band
vincula, vinculōrum *Pl. n.*	Gefängnis (*Sg.*)
in vincula conicere	in Ketten legen; ins Gefängnis werfen
vindex, víndicis *m.*	Bürge; Retter; Rächer
vindicāre (*kurzes* i)	beanspruchen; befreien; bestrafen
vindicāre in *m. Akk.*	gegen *jdn.* vorgehen
vīnea, -ae *f.*	Weinberg; Schutzdach
vīnum, -ī *n.*	Wein
violāre (*kurzes* i, *kurzes* o)	verletzen; misshandeln; vergewaltigen
violentia, -ae *f.* (*kurzes* i, *kurzes* o)	Gewalt
vir, virī *m.* (*kurzes* i)	Mann [→ Wer-wolf]
virga, -ae *f.*	Stock; Rute; dünner Zweig
virgō, virginis *f.*	junges Mädchen; junge Frau; Jungfrau
virīlis, -is, -e (*erstes* i *kurz*)	männlich; mannhaft; eines Mannes [vir]
virtūs, virtūtis *f.*	*alles, was einen* vir *auszeichnet:* Mannhaftigkeit; Tugend; Tüchtigkeit; Leistung; geistige *oder* körperliche Standfestigkeit (= Tapferkeit)
vīs, —, —, vim, vī *f.*	Kraft; Stärke; Gewalt [*Gen./Dat. Sg. ungebräuchl.*]
Pl. vīrēs, vīrium, vīribus	Streitkräfte
vim afferre *m. Dat.*	*jdm.* Gewalt antun
vim facere	Gewalt anwenden
vī (*Abl. Sg.*)	gewaltsam (*Adv.*)
vīscera, vīscerum *Pl. n.*	Eingeweide (*Pl.*); Leib (*Sg.*); Bauch (*Sg.*) [vĭsc-?]
vīsere, vīsī, —	ansehen; besichtigen; besuchen [*Intensivum zu* vidēre]
vīsitāre (*zweites* i *kurz*)	besuchen [*Intensivum zu* vīsere]
vīta, -ae *f.*	Leben [→ vital]
vīta beāta	Glück; Eudämonie (*philos. Fachbegriff*)
vītam agere	sein Leben verbringen; leben
vītāre	meiden; vermeiden [*hat nichts mit* vīta *oder* vīvere *zu tun*]

vītis, vītis *f.* (*gem. Dekl.*)	Weinrebe; Weinstock
vitium, vitiī *n.* (*kurzes* i)	Fehler; das Laster; schlechte Eigenschaft; Untugend
vituperāre (*kurzes* i, *kurzes* u)	tadeln; kritisieren
vīvere, vīxī, (vīctūrus)	leben
vīvus, -a, -um	lebendig; am Leben [vīvere]
Caesare vīvō (*nom. Abl. abs.*)	zu Lebzeiten von *Caesar*
vix *Adv.*	kaum
vōbīs (*langes* ī)	euch (*Dat.*); für euch
vōbīscum (*langes* ī)	mit euch
vocābulum, -ī *n.* (*kurzes* o)	Bezeichnung; Name
vocāre (*kurzes* o)	rufen; nennen [vōx]
vocāre in *m. Akk.*	vor *etw.* bringen
volāre (*kurzes* o)	fliegen [volō »ich fliege« ≠ volō »ich will«]
volucer, volucris, volucre	fliegend; geflügelt
volucris, volucris *f.*	Vogel (*Gen. Pl.* volucrum/volucrium)
voluntārius, -a, -um (*kurzes* o)	freiwillig
voluntās, voluntātis *f.* (*kurzes* o)	Wille; Absicht [≠ voluptās »Lust«]
voluptās, voluptātis *f.* (*kurzes* o)	Lust; Vergnügen; Freude [≠ voluntās »Wille«]
volvere, volvī, volūtum	wälzen; rollen
vōs	ihr (*Nom.*); euch (*Akk.*)
im aci	ihr (*i. Lat. Subjektsakk.*); euch (*i. Lat. Akk.-Obj.*)
quis vestrum (*Gen. part.*)	wer von euch
memoria vestrī (*Gen. obi.*)	die Erinnerung an euch
vestrum est	es ist eure Aufgabe
vōtum, -ī *n.*	Wunsch; Gelübde; Gebet
vovēre, vōvī, vōtum (ŏ *bzw.* ō)	geloben; wünschen
vōx, vōcis *f.* (*langes* ō)	Stimme; Wort; Laut; Äußerung
vulgāris, -is, -e	gewöhnlich
vulgō *Adv.*	im Allgemeinen; normalerweise; gewöhnlich
vulgus, vulgī *n.* (!)	Volk; Menge; die große Masse [→ vulgär]
vulnerāre	verwunden; verletzen
vulnus, vúlneris *n.*	Wunde
vulpēcula, -ae *f.*	Fuchs
vultur, vulturis *m.*	Geier
vultus, vultūs *m.*	Gesicht; Gesichtsausdruck; Mimik [≠ vulgus »Volk«]

Vorbemerkung zum Tabellenteil

Der folgende Überblick über die lateinische Formenlehre strebt an, Vollständigkeit im einzelnen Paradigma mit einem übersichtlichen Seitenumbruch zu vereinen. Deshalb wird auf eine ausdrückliche Bezeichnung der Kasus, Numeri und Personen überall dort verzichtet, wo sie spätestens nach einem Jahr Lateinunterricht selbstverständlich ist. Andererseits werden vor allem bei den Nomina und Pronomina möglichst alle Varianten aufgeführt, die in der Schullektüre vorkommen.

Die Anordnung der Tabellen folgt weniger den Zwängen des grammatikalischen Systems als vielmehr den Bedürfnissen der Praxis. Auf *einer* Doppelseite findet man alles Wesentliche über die Substantive; so können z. B. die Formen von *vir* ohne Blättern leicht mit denen von *vīs* verglichen werden. Die Neutra stehen hier direkt nebeneinander, was die Gemeinsamkeiten über die Deklinationsgrenzen hinweg verdeutlicht. Ebenso finden sich *īdem* und *quīdam* direkt neben *is* bzw. *quī*, um das Prinzip der Wortbildung klar vor Augen zu führen. Die Morphologie der regelmäßigen Verben wird mit Bedacht zweimal präsentiert: einmal nach Konjugationen sortiert, dann nach Modi und Tempora. So kann man sich schnell einen Überblick über das verschaffen, was gerade wiederholt werden soll. (Auf eine Darstellung archaischer bzw. poetischer Formen wie z. B. *laudāvēre* oder *laudābere* wurde nicht nur aus Platzgründen verzichtet; dies kann bei der Historiker- oder Dichterlektüre besser autorenspezifisch systematisiert werden.)

Wie im lexikalischen Teil liegt auch hier ein besonderes Augenmerk auf der Bezeichnung der Vokalquantitäten. So wird noch genau zwischen *laudāveris* (Fut. II) und *laudāverīs* (Konj. Perf.) unterschieden, selbst wenn viele Dichter damit (aus metrischen Gründen?) großzügiger umgegangen sein mögen. Bei Wörtern mit ursprünglich jambischer Silbenfolge (kurz–lang) sind neben den alten Formen (z. B. *egō* oder *tibī*) auch die Folgen des Jambenkürzungsgesetzes (*ego* bzw. *tibi*) dokumentiert, weil beide Varianten in der Schullektüre häufig vorkommen. Alle weiteren Sonderregeln müssen indes dem Unterricht vorbehalten bleiben.

Zur Terminologie: Weil es hier nur um die Grundzüge der Formenlehre geht, werden die konventionellen Bezeichnungen wie »Infinitiv Präsens Aktiv« oder »Partizip Perfekt Passiv« beibehalten. Beim Lernen und Wiederholen sollte man sich aber deutlich machen, dass damit nur der formale, nicht der funktionale Aspekt erfasst ist. Sinnvoll ist es daher, auch die alternative Terminologie einzuüben, die in vielen Lehrwerken verwendet wird:

formaler Aspekt	*funktionaler Aspekt*
Infinitiv/Partizip Präsens	Infinitiv/Partizip der Gleichzeitigkeit
Infinitiv/Partizip Perfekt	Infinitiv/Partizip der Vorzeitigkeit
Infinitiv/Partizip Futur	Infinitiv/Partizip der Nachzeitigkeit
Konjunktiv Präsens	Konjunktiv I der Gleichzeitigkeit
Konjunktiv Imperfekt	Konjunktiv II der Gleichzeitigkeit
Konjunktiv Perfekt	Konjunktiv I der Vorzeitigkeit
Konjunktiv Plusquamperfekt	Konjunktiv II der Vorzeitigkeit

Die Trennung der einzelnen Wortformen unterliegt nicht unbedingt sprachwissenschaftlichen, sondern in erster Linie lernökonomischen Gesichtspunkten.

Substantive

o-Deklination						
	masc.				neutr.
serv-us	magister	puer	vir	fīli-us	cōnsili-um
serv-ī	magistr-ī	puer-ī	vir-ī	fīli-ī	cōnsili-ī
serv-ō	magistr-ō	puer-ō	vir-ō	fīli-ō	cōnsili-ō
serv-um	magistr-um	puer-um	vir-um	fīli-um	cōnsili-um
serv-ō	magistr-ō	puer-ō	vir-ō	fīli-ō	cōnsili-ō
serv-ī	magistr-ī	puer-ī	vir-ī	fīli-ī	cōnsili-a
serv-ōrum	magistr-ōrum	puer-ōrum	vir-ōrum	fīli-ōrum	cōnsili-ōrum
serv-īs	magistr-īs	puer-īs	vir-īs	fīli-īs	cōnsili-īs
serv-ōs	magistr-ōs	puer-ōs	vir-ōs	fīli-ōs	cōnsili-a
serv-īs	magistr-īs	puer-īs	vir-īs	fīli-īs	cōnsili-īs

Vok. Sg.			Vok. Sg.	
serv-e!			fīlī!	

Nur die Substantive auf *-us* und auf *-ius* haben einen eigenen Vokativ Singular auf *-e* bzw. auf *-ī*.
Der Gen. Sg. der Substantive auf *-ius* und auf *-ium* wird oft kontrahiert (zusammengezogen):

                                                    fīliī > fīlī   *cōnsiliī > cōnsilī*

ā-Dekl.	ē-Deklination		u-Dekl.	Sonderfall
fem.	fem.	masc.	masc.	fem.
puell-a	sp-ēs	di-ēs	port-us	dom-us
puell-ae	sp-eī	di-ēī	port-ūs	dom-ūs
puell-ae	sp-eī	di-ēī	port-uī	dom-uī
puell-am	sp-em	di-em	port-um	dom-um
puell-ā	sp-ē	di-ē	port-ū	dom-ō
puell-ae	sp-ēs	di-ēs	port-ūs	dom-ūs
puell-ārum	sp-ērum	di-ērum	port-uum	dom-ōrum (dom-uum)
puell-īs	sp-ēbus	di-ēbus	port-ibus	dom-ibus
puell-ās	sp-ēs	di-ēs	port-ūs	dom-ōs (*selten* dom-ūs)
puell-īs	sp-ēbus	di-ēbus	port-ibus	dom-ibus

Bei den Städte- und Inselnamen der o-/ā-Deklination hat sich ein alter Lokativ Singular auf *-ī* erhalten:

                Corinthī (»in Korinth«)   *Cyprī* (»auf Zypern«)   *Rōmae* (< *Rōmaī, »in Rom«)
ebenso: *domī* (»zu Hause«)   *rūrī* (»auf dem Lande«)   *humī* (»auf dem Boden«)
analog als Zeitpunkt: *vesperī* (»am Abend«)

konsonantische Deklination						
masc.				*fem.*	
ōrātor	pater	sermō	mīles	lēx	lībertās
ōrātōr-is	patr-is	sermōn-is	mīlit-is	lēg-is	lībertāt-is
ōrātōr-ī	patr-ī	sermōn-ī	mīlit-ī	lēg-ī	lībertāt-ī
ōrātōr-em	patr-em	sermōn-em	mīlit-em	lēg-em	lībertāt-em
ōrātōr-e	patr-e	sermōn-e	mīlit-e	lēg-e	lībertāt-e
ōrātōr-ēs	patr-ēs	sermōn-ēs	mīlit-ēs	lēg-ēs	lībertāt-ēs
ōrātōr-um	patr-um	sermōn-um	mīlit-um	lēg-um	lībertāt-um
ōrātōr-ibus	patr-ibus	sermōn-ibus	mīlit-ibus	lēg-ibus	lībertāt-ibus
ōrātōr-ēs	patr-ēs	sermōn-ēs	mīlit-ēs	lēg-ēs	lībertāt-ēs
ōrātōr-ibus	patr-ibus	sermōn-ibus	mīlit-ibus	lēg-ibus	lībertāt-ibus

gemischte Deklination		i-Deklination			
masc.	*fem.*	*fem.*		*neutr.*	
cīv-is	gēns	turr-is	vīs	mare	animal
cīv-is	gent-is	turr-is	—	mar-is	animāl-is
cīv-ī	gent-ī	turr-ī	—	mar-ī	animāl-ī
cīv-em	gent-em	turr-**im**	v**im**	mare	animal
cīv-e	gent-e	turr-ī	vī	mar-ī	animāl-ī
cīv-ēs	gent-ēs	turr-ēs	vīr-ēs	mar-**ia**	animāl-**ia**
cīv-**ium**	gent-**ium**	turr-**ium**	vīr-**ium**	mar-**ium**	animāl-**ium**
cīv-ibus	gent-ibus	turr-ibus	vīr-ibus	mar-ibus	animāl-ibus
cīv-ēs (-**īs**)	gent-ēs (-**īs**)	turr-**īs** (-ēs)	vīr-**īs** (-ēs)	mar-**ia**	animāl-**ia**
cīv-ibus	gent-ibus	turr-ibus	vīr-ibus	mar-ibus	animāl-ibus

o-Deklination	konsonantische Deklination				u-Deklination
neutr.	*neutr.*				*neutr.*
templ-um	tempus	opus	carmen	corn-ū
templ-ī	témpor-is	óper-is	cármin-is	corn-ūs
templ-ō	témpor-ī	óper-ī	cármin-ī	corn-ū (-uī)
templ-um	tempus	opus	carmen	corn-ū
templ-ō	témpor-e	óper-e	cármin-e	corn-ū
templ-a	témpor-a	óper-a	cármin-a	corn-ua
templ-ōrum	témpor-um	óper-um	cármin-um	corn-uum
templ-īs	tempór-ibus	opér-ibus	carmín-ibus	corn-ibus
templ-a	témpor-a	óper-a	cármin-a	corn-ua
templ-īs	tempór-ibus	opér-ibus	carmín-ibus	corn-ibus

Adjektive

o-/ā-Deklination					
long-us	long-a	long-um	miser	miser-a	miser-um
long-ī	long-ae	long-ī	miser-ī	miser-ae	miser-ī
long-ō	long-ae	long-ō	miser-ō	miser-ae	miser-ō
long-um	long-am	long-um	miser-um	miser-am	miser-um
long-ō	long-ā	long-ō	miser-ō	miser-ā	miser-ō
long-ī	long-ae	long-a	miser-ī	miser-ae	miser-a
long-ōrum	long-ārum	long-ōrum	miser-ōrum	miser-ārum	miser-ōrum
long-īs	long-īs	long-īs	miser-īs	miser-īs	miser-īs
long-ōs	long-ās	long-a	miser-ōs	miser-ās	miser-a
long-īs	long-īs	long-īs	miser-īs	miser-īs	miser-īs

o-/ā-Deklination			i-Deklination		
			dreiendig		
pulcher	pulchr-a	pulchr-um	celer	celer-is	celer-e
pulchr-ī	pulchr-ae	pulchr-ī	celer-is	celer-is	celer-is
pulchr-ō	pulchr-ae	pulchr-ō	celer-ī	celer-ī	celer-ī
pulchr-um	pulchr-am	pulchr-um	celer-em	celer-em	celer-e
pulchr-ō	pulchr-ā	pulchr-ō	celer-ī	celer-ī	celer-ī
pulchr-ī	pulchr-ae	pulchr-a	celer-ēs	celer-ēs	celer-ia
pulchr-ōrum	pulchr-ārum	pulchr-ōrum	celer-ium	celer-ium	celer-ium
pulchr-īs	pulchr-īs	pulchr-īs	celer-ibus	celer-ibus	celer-ibus
pulchr-ōs	pulchr-ās	pulchr-a	celer-ēs (-īs)	celer-ēs (-īs)	celer-ia
pulchr-īs	pulchr-īs	pulchr-īs	celer-ibus	celer-ibus	celer-ibus

i-Deklination					
zweiendig			*einendig*		
fort-is	fort-is	fort-e	prūdēns	prūdēns	prūdēns
fort-is	fort-is	fort-is	prūdent-is	prūdent-is	prūdent-is
fort-ī	fort-ī	fort-ī	prūdent-ī	prūdent-ī	prūdent-ī
fort-em	fort-em	fort-e	prūdent-em	prūdent-em	prūdēns
fort-ī	fort-ī	fort-ī	prūdent-ī	prūdent-ī	prūdent-ī
fort-ēs	fort-ēs	fort-ia	prūdent-ēs	prūdent-ēs	prūdent-ia
fort-ium	fort-ium	fort-ium	prūdent-ium	prūdent-ium	prūdent-ium
fort-ibus	fort-ibus	fort-ibus	prūdent-ibus	prūdent-ibus	prūdent-ibus
fort-ēs (-īs)	fort-ēs (-īs)	fort-ia	prūdent-ēs (-īs)	prūdent-ēs (-īs)	prūdent-ia
fort-ibus	fort-ibus	fort-ibus	prūdent-ibus	prūdent-ibus	prūdent-ibus

Komparativ der Adjektive

konsonantische Deklination					
long-ior	long-ior	long-ius	fort-ior	fort-ior	fort-ius
long-iōr-is	long-iōr-is	long-iōr-is	fort-iōr-is	fort-iōr-is	fort-iōr-is
long-iōr-ī	long-iōr-ī	long-iōr-ī	fort-iōr-ī	fort-iōr-ī	fort-iōr-ī
long-iōr-em	long-iōr-em	long-ius	fort-iōr-em	fort-iōr-em	fort-ius
long-iōr-e	long-iōr-e	long-iōr-e	fort-iōr-e	fort-iōr-e	fort-iōr-e
long-iōr-ēs	long-iōr-ēs	long-iōr-a	fort-iōr-ēs	fort-iōr-ēs	fort-iōr-a
long-iōr-um	long-iōr-um	long-iōr-um	fort-iōr-um	fort-iōr-um	fort-iōr-um
long-iōr-ibus	long-iōr-ibus	long-iōr-ibus	fort-iōr-ibus	fort-iōr-ibus	fort-iōr-ibus
long-iōr-ēs	long-iōr-ēs	long-iōr-a	fort-iōr-ēs	fort-iōr-ēs	fort-iōr-a
long-iōr-ibus	long-iōr-ibus	long-iōr-ibus	fort-iōr-ibus	fort-iōr-ibus	fort-iōr-ibus

Die Komparativformen sind bei den Adjektiven der o-/ā-Deklination und der i-Deklination gleich.

Superlativ der Adjektive

o-/ā-Deklination					
long-issim-us	long-issim-a	long-issim-um	fort-issim-us	fort-issim-a	fort-issim-um
long-issim-ī	long-issim-ae	long-issim-ī	fort-issim-ī	fort-issim-ae	fort-issim-ī
long-issim-ō	long-issim-ae	long-issim-ō	fort-issim-ō	fort-issim-ae	fort-issim-ō
long-issim-um	long-issim-am	long-issim-um	fort-issim-um	fort-issim-am	fort-issim-um
long-issim-ō	long-issim-ā	long-issim-ō	fort-issim-ō	fort-issim-ā	fort-issim-ō
long-issim-ī	long-issim-ae	long-issim-a	fort-issim-ī	fort-issim-ae	fort-issim-a
long-issim-ōrum	long-issim-ārum	long-issim-ōrum	fort-issim-ōrum	fort-issim-ārum	fort-issim-ōrum
long-issim-īs	long-issim-īs	long-issim-īs	fort-issim-īs	fort-issim-īs	fort-issim-īs
long-issim-ōs	long-issim-ās	long-issim-a	fort-issim-ōs	fort-issim-ās	fort-issim-a
long-issim-īs	long-issim-īs	long-issim-īs	fort-issim-īs	fort-issim-īs	fort-issim-īs

mis-errim-us	mis-errim-a	mis-errim-um	fac-illim-us	fac-illim-a	fac-illim-um
mis-errim-ī	mis-errim-ae	mis-errim-ī	fac-illim-ī	fac-illim-ae	fac-illim-ī
mis-errim-ō	mis-errim-ae	mis-errim-ō	fac-illim-ō	fac-illim-ae	fac-illim-ō
mis-errim-um	mis-errim-am	mis-errim-um	fac-illim-um	fac-illim-am	fac-illim-um
mis-errim-ō	mis-errim-ā	mis-errim-ō	fac-illim-ō	fac-illim-ā	fac-illim-ō
mis-errim-ī	mis-errim-ae	mis-errim-a	fac-illim-ī	fac-illim-ae	fac-illim-a
mis-errim-ōrum	mis-errim-ārum	mis-errim-ōrum	fac-illim-ōrum	fac-illim-ārum	fac-illim-ōrum
mis-errim-īs	mis-errim-īs	mis-errim-īs	fac-illim-īs	fac-illim-īs	fac-illim-īs
mis-errim-ōs	mis-errim-ās	mis-errim-a	fac-illim-ōs	fac-illim-ās	fac-illim-a
mis-errim-īs	mis-errim-īs	mis-errim-īs	fac-illim-īs	fac-illim-īs	fac-illim-īs

Komparation mit Stammwechsel

bonus	bona	bonum	melior	melior	melius	optimus	optima	optimum
malus	mala	malum	pēior	pēior	pēius	pessimus	pessima	pessimum
magnus	magna	magnum	māior	māior	māius	maximus	maxima	maximum
parvus	parva	parvum	minor	minor	minus	minimus	minima	minimum
multī	multae	multa	plūrēs	plūrēs	plūra	plūrimī	plūrimae	plūrima

Der Gen. Pl. von *plūrēs* und *plūra* lautet unregelmäßig *plūrium*.

Pronominaladjektive

Gen. und Dat. Sg. wie Pronomina · Rest wie Adjektive der o-/ā-Deklination

sōl-us	sōl-a	sōl-um		alter	alter-a	alter-um
sōl-**īus**	sōl-**īus**	sōl-**īus**		alter-**īus**	alter-**īus**	alter-**īus**
sōl-ī	sōl-ī	sōl-ī		alter-ī	alter-ī	alter-ī
sōl-um	sōl-am	sōl-um		alter-um	alter-am	alter-um
sōl-ō	sōl-ā	sōl-ō		alter-ō	alter-ā	alter-ō
sōl-ī	sōl-ae	sōl-a		alter-ī	alter-ae	alter-a
sōl-ōrum	sōl-ārum	sōl-ōrum		alter-ōrum	alter-ārum	alter-ōrum
sōl-īs	sōl-īs	sōl-īs		alter-īs	alter-īs	alter-īs
sōl-ōs	sōl-ās	sōl-a		alter-ōs	alter-ās	alter-a
sōl-īs	sōl-īs	sōl-īs		alter-īs	alter-īs	alter-īs

Merke: *ūnus, sōlus, tōtus, ūllus / uter, alter, neuter, nūllus, alius* erfordern alle / *-īus* in dem zweiten Falle, und im dritten enden sie / stets mit einem langen *-ī*.

Der Gen. Sg. von *alius* lautet unregelmäßig *alterīus*.

Zahlwörter

duo	duae	duo		trēs	trēs	tria		mīlia
duōrum	duārum	duōrum		trium	trium	trium		mīlium
duōbus	duābus	duōbus		tribus	tribus	tribus		mīlibus
duōs (duo)	duās	duo		trēs	trēs	tria		mīlia
duōbus	duābus	duōbus		tribus	tribus	tribus		mīlibus

ūnus wird wie *sōlus* dekliniert (s. o.); wie *duo* wird auch *ambō* dekliniert; *mīlia* ist der Plural (»Tausende«) von *mīlle*. — Zum System der lateinischen Zahlen siehe Seite 112.

Partizip Präsens Aktiv

gemischte Deklination		
laudā-ns	laudā-ns	laudā-ns
lauda-nt-is	lauda-nt-is	lauda-nt-is
lauda-nt-ī	lauda-nt-ī	lauda-nt-ī
lauda-nt-em	lauda-nt-em	laudā-ns
lauda-nt-e	lauda-nt-e	lauda-nt-e
lauda-nt-ēs	lauda-nt-ēs	lauda-nt-**ia**
lauda-nt-**ium**	lauda-nt-**ium**	lauda-nt-**ium**
lauda-nt-ibus	lauda-nt-ibus	lauda-nt-ibus
lauda-nt-ēs (-īs)	lauda-nt-ēs (-īs)	lauda-nt-**ia**
lauda-nt-ibus	lauda-nt-ibus	lauda-nt-ibus

gemischte Deklination		
mitt-ē-ns	mitt-ē-ns	mitt-ē-ns
mitt-e-nt-is	mitt-e-nt-is	mitt-e-nt-is
mitt-e-nt-ī	mitt-e-nt-ī	mitt-e-nt-ī
mitt-e-nt-em	mitt-e-nt-em	mitt-ē-ns
mitt-e-nt-e	mitt-e-nt-e	mitt-e-nt-e
mitt-e-nt-ēs	mitt-e-nt-ēs	mitt-e-nt-**ia**
mitt-e-nt-**ium**	mitt-e-nt-**ium**	mitt-e-nt-**ium**
mitt-e-nt-ibus	mitt-e-nt-ibus	mitt-e-nt-ibus
mitt-e-nt-ēs (-īs)	mitt-e-nt-ēs (-īs)	mitt-e-nt-**ia**
mitt-e-nt-ibus	mitt-e-nt-ibus	mitt-e-nt-ibus

Partizip Perfekt Passiv

o-/ā-Deklination		
laudāt-us	laudāt-a	laudāt-um
laudāt-ī	laudāt-ae	laudāt-ī
laudāt-ō	laudāt-ae	laudāt-ō
laudāt-um	laudāt-am	laudāt-um
laudāt-ō	laudāt-ā	laudāt-ō
laudāt-ī	laudāt-ae	laudāt-a
laudāt-ōrum	laudāt-ārum	laudāt-ōrum
laudāt-īs	laudāt-īs	laudāt-īs
laudāt-ōs	laudāt-ās	laudāt-a
laudāt-īs	laudāt-īs	laudāt-īs

o-/ā-Deklination		
miss-us	miss-a	miss-um
miss-ī	miss-ae	miss-ī
miss-ō	miss-ae	miss-ō
miss-um	miss-am	miss-um
miss-ō	miss-ā	miss-ō
miss-ī	miss-ae	miss-a
miss-ōrum	miss-ārum	miss-ōrum
miss-īs	miss-īs	miss-īs
miss-ōs	miss-ās	miss-a
miss-īs	miss-īs	miss-īs

Partizip Futur Aktiv

o-/ā-Deklination		
laudāt-ūr-us	laudāt-ūr-a	laudāt-ūr-um
laudāt-ūr-ī	laudāt-ūr-ae	laudāt-ūr-ī
laudāt-ūr-ō	laudāt-ūr-ae	laudāt-ūr-ō
laudāt-ūr-um	laudāt-ūr-am	laudāt-ūr-um
laudāt-ūr-ō	laudāt-ūr-ā	laudāt-ūr-ō
laudāt-ūr-ī	laudāt-ūr-ae	laudāt-ūr-a
laudāt-ūr-ōrum	laudāt-ūr-ārum	laudāt-ūr-ōrum
laudāt-ūr-īs	laudāt-ūr-īs	laudāt-ūr-īs
laudāt-ūr-ōs	laudāt-ūr-ās	laudāt-ūr-a
laudāt-ūr-īs	laudāt-ūr-īs	laudāt-ūr-īs

o-/ā-Deklination		
miss-ūr-us	miss-ūr-a	miss-ūr-um
miss-ūr-ī	miss-ūr-ae	miss-ūr-ī
miss-ūr-ō	miss-ūr-ae	miss-ūr-ō
miss-ūr-um	miss-ūr-am	miss-ūr-um
miss-ūr-ō	miss-ūr-ā	miss-ūr-ō
miss-ūr-ī	miss-ūr-ae	miss-ūr-a
miss-ūr-ōrum	miss-ūr-ārum	miss-ūr-ōrum
miss-ūr-īs	miss-ūr-īs	miss-ūr-īs
miss-ūr-ōs	miss-ūr-ās	miss-ūr-a
miss-ūr-īs	miss-ūr-īs	miss-ūr-īs

Pronomina

is	ea	id
eius	eius	eius
ei (eī)	ei (eī)	ei (eī)
eum	eam	id
eō	eā	eō
iī (eī)	eae	ea
eōrum	eārum	eōrum
iīs (eīs)	iīs (eīs)	iīs (eīs)
eōs	eās	ea
iīs (eīs)	iīs (eīs)	iīs (eīs)

īdem	éadem	ĭdem
eiusdem	eiusdem	eiusdem
eīdem	eīdem	eīdem
eundem	eandem	ĭdem
eōdem	eādem	eōdem
īdem (iīdem/eīdem)	eaedem	éadem
eōrundem	eārundem	eōrundem
iīsdem (īs-/eīsdem)	iīsdem (īs-/eīsdem)	iīsdem (īs-/eīsdem)
eōsdem	eāsdem	éadem
iīsdem (īs-/eīsdem)	iīsdem (īs-/eīsdem)	iīsdem (īs-/eīsdem)

hic	haec	hoc
huius	huius	huius
huic	huic	huic
hunc	hanc	hoc
hōc	hāc	hōc
hī	hae	haec
hōrum	hārum	hōrum
hīs	hīs	hīs
hōs	hās	haec
hīs	hīs	hīs

iste	ista	istud
istīus	istīus	istīus
istī	istī	istī
istum	istam	istud
istō	istā	istō
istī	istae	ista
istōrum	istārum	istōrum
istīs	istīs	istīs
istōs	istās	ista
istīs	istīs	istīs

ille	illa	illud
illīus	illīus	illīus
illī	illī	illī
illum	illam	illud
illō	illā	illō
illī	illae	illa
illōrum	illārum	illōrum
illīs	illīs	illīs
illōs	illās	illa
illīs	illīs	illīs

ipse	ipsa	ipsum
ipsīus	ipsīus	ipsīus
ipsī	ipsī	ipsī
ipsum	ipsam	ipsum
ipsō	ipsā	ipsō
ipsī	ipsae	ipsa
ipsōrum	ipsārum	ipsōrum
ipsīs	ipsīs	ipsīs
ipsōs	ipsās	ipsa
ipsīs	ipsīs	ipsīs

quī	quae	quod	quīdam	quaedam	quoddam
cuius	cuius	cuius	cuiusdam	cuiusdam	cuiusdam
cui	cui	cui	cuidam	cuidam	cuidam
quem	quam	quod	quendam	quandam	quoddam
quō	quā	quō	quōdam	quādam	quōdam
quī	quae	quae	quīdam	quaedam	quaedam
quōrum	quārum	quōrum	quōrundam	quārundam	quōrundam
quibus	quibus	quibus	quibusdam	quibusdam	quibusdam
quōs	quās	quae	quōsdam	quāsdam	quaedam
quibus	quibus	quibus	quibusdam	quibusdam	quibusdam

Analog zu *quī* werden auch *quīvīs* und *quīlibet* dekliniert, ebenso das adjektivische Indefinitpronomen *aliquī*.

quis?	quid?	aliquis	aliquid
cuius?	cuius reī?	alicuius	alicuius reī
cui?	cui reī?	alicui	alicui reī
quem?	quid?	aliquem	aliquid
ā quō? / quōcum?	quā rē?	ab aliquō / cum aliquō	aliquā rē

Merke: *sī, nisī, nē* und *num* hauen alle *ali-* um (*sī quis* ≈ *sī aliquis*; *nē quid* ≈ *nē aliquid*, usw.).

quis-quam	quic-quam	nēmō	nihil
cuius-quam	ūllīus reī	nūllīus	nūllīus reī
cui-quam	ūllī reī	nēminī	nūllī reī
quem-quam	quic-quam	nēminem	nihil
quō-quam	ūllā rē	nūllō	nūllā rē

Analog zu *quisquam* wird auch *quisque* dekliniert.

Possessivpronomen

meus	mea	meum
noster	nostra	nostrum

tuus	tua	tuum
vester	vestra	vestrum

suus	sua	suum
suus	sua	suum

wie die Adjektive der o-/ā-Deklination (siehe Seite 104)

suus wird nur reflexiv gebraucht; die nicht-reflexive Zugehörigkeit bezeichnen die Genitive *eius* (Sg.) sowie *eōrum, eārum* und *eōrum* (Pl.).

Personalpronomen

1. Person	2. Person	3. Pers. reflexiv	3. Person nicht reflexiv		
egō (ego)	tū	—	—	—	—
meī	tuī	suī	eius	eius	eius
mihī (mihi/mī)	tibī (tibi)	sibī (sibi)	ei (eī)	ei (eī)	ei (eī)
mē	tē	sē	eum	eam	id
ā mē / mēcum	ā tē / tēcum	ā sē / sēcum	eō	eā	eō
nōs	vōs	—	—	—	—
nostrī / nostrum	vestrī / vestrum	suī	eōrum	eārum	eōrum
nōbīs	vōbīs	sibī (sibi)	iīs (eīs)	iīs (eīs)	iīs (eīs)
nōs	vōs	sē	eōs	eās	ea
ā nōbīs / nōbīscum	ā vōbīs / vōbīscum	ā sē / sēcum	iīs (eīs)	iīs (eīs)	iīs (eīs)

Genitivus obiectivus: *memoria nostrī* (»die Erinnerung **an** uns«)   *timor vestrī* (»die Furcht **vor** euch«)
Genitivus partitivus: *nēmō nostrum* (»niemand **von** uns«)   *quis vestrum?* (»wer **von** euch?«)

Adverbien

zum Adjektiv (Dekl.)		Adverb im Positiv	im Komparativ	im Superlativ
longus	(o-/ā-)	long-ē	long-ius	long-issim-ē
miser	(o-/ā-)	miser-ē	miser-ius	mis-errim-ē
pulcher	(o-/ā-)	pulchr-ē	pulchr-ius	pulch-errim-ē
celer	(i-)	celeri-ter	celer-ius	cel-errim-ē
fortis	(i-)	forti-ter	fort-ius	fort-issim-ē
prūdēns	(i-)	prūdent-er	prūdent-ius	prūdent-issim-ē

unregelmäßig:

bonus	(o-/ā-)	bene	melius	optimē
malus	(o-/ā-)	male	pēius	pessimē
facilis	(i-)	facile	facilius	facillimē
difficilis	(i-)	difficulter	difficilius	difficillimē
		magnopere	magis	maximē
		multum	plūs	plūrimum
		paulum	minus	minimē

Korrelationen und Pronominaladverbien

demonstrativ		relativ*		indefinit/verallgemeinernd	
tantus	*so groß*	quantus	*wie groß / wie*	aliquantus	*ziemlich groß*
tantum	*so viel*	quantum	*wie viel / wie*	aliquantum	*ziemlich viel*
tot	*so viele*	quot	*wie viele / wie*	aliquot	*etliche*
tālis	*so beschaffen*	quālis	*wie beschaffen / wie*		
ibī (ibi)	*da*	ubī (ubi)	*wo*	alibī (alibi)	*anderswo*
hīc	*hier*			usquam	*irgendwo*
istīc	*dort*			ubīque	*überall*
illīc	*dort*			utrimque	*auf beiden Seiten*
ibīdem	*ebendort*			ubicumque	*wo auch immer*
inde	*daher*	unde	*woher*	undique	*von allen Seiten*
hinc	*von hier*			undecumque	*woher auch immer*
eō	*dahin*	quō	*wohin*	aliquō	*irgendwohin*
hūc	*hierher*			quōcumque	*wohin auch immer*
istūc	*dorthin*				
illūc	*dorthin*				
eōdem	*ebendorthin*				
nunc	*jetzt*	quandō	*wann*	aliquandō	*irgendwann einmal*
tum/tunc	*damals/dann*	cum/quom*	*als/wenn*	quondam	*einst*
totiēns	*so oft*	quotiēns	*wie oft / wie*	aliquotiēns	*einige Male*
ita/sīc	*so*	ut/utī	*wie*	utcumque	*wie auch immer*
tam	*so / so sehr*	quam	*wie sehr / wie*		
tantopere	*so sehr*	quantopere	*wie sehr / wie*		

* Die relativen Formen sind zugleich Fragewörter (außer *cum/quom*).

Präpositionen

mit Ablativ		mit Akkusativ	
ā *und* ab, ē, ex *und* dē, cum *und* sine, prō *und* prae			
in	*(wo? an welchem Ort?)*	in	*(wohin? in welche Richtung?)*
sub	*(wo? an welchem Ort?)*	sub	*(wohin? in welche Richtung?)*
cōram	*(in wessen Gegenwart?)*	alle andere Präpositionen	

Postpositionen

nach einem Genitiv	mit Possessivpronomen in KNG-Kongruenz	
pecūniae causā *auf Grund des Geldes /* *des Geldes wegen*	meā causā tuā causā nostrā causā vestrā causā	*meinetwegen* *deinetwegen* *unseretwegen* *euretwegen*
hominum grātiā *aus Gefälligkeit zu den Menschen /* *der Menschen wegen*	meā grātiā tuā grātiā nostrā grātiā vestrā grātiā	*meinetwegen* *deinetwegen* *unseretwegen* *euretwegen*

Die Postpositionen *causā* und *grātiā* sind erstarrte Ablative.

System der Zahlen

Zahlzeichen		*Grundzahl*	*Ordnungszahl*
1	I	ūnus, -a, -um	prīmus (prior)
2	II	duo, -ae, -o	secundus (alter)
3	III	trēs, trēs, tria	tertius
4	IV	quattuor	quārtus
5	V	quīnque	quīntus
6	VI	sex	sextus
7	VII	septem	septimus
8	VIII	octō	octāvus
9	IX	novem	nōnus
10	X	decem	decimus
11	XI	ūn-decim	ūn-decimus
12	XII	duo-decim	duo-decimus
18	XVIII	duo-dē-vīgintī	duo-dē-vīcēsimus
19	XIX	ūn-dē-vīgintī	ūn-dē-vīcēsimus
20	XX	vīgintī	vīcēsimus
30	XXX	trīgintā	trīcēsimus
50	L	quīnquāgintā	quīnquāgēsimus
100	C	centum	centēsimus
200	CC	ducentī	ducentēsimus
500	D	quīngentī	quīngentēsimus
1000	M	mīlle	mīllēsimus
2000	MM	duo mīlia	bis mīllēsimus

Von den Grundzahlen werden dekliniert:

- *ūnus, duo, trēs* (Seite 106)
- die Hunderter (*ducentī* bis *nōngentī*) wie Adjektive der o-/ā-Deklination im Plural (Seite 104)
- *mīlia* (Plural von *mīlle*, Seite 106)

Die Ordnungszahlen werden wie Adjektive der o-/ā-Deklination dekliniert (Seite 104).

Ausnahmen: *prior* (wie *longior*, Seite 105)
alter (Seite 106)

(bis: »zweimal«)

Zehner	-**gint**-ā *oder* -**gint**-ī	-**cēs**-imus *oder* -**gēs**-imus
Hunderter	-**cent**-ī, -ae, -a *oder* -**gent**-ī, -ae, -a	-**cent**-ēsimus *oder* -**gent**-ēsimus

Mit der nebenstehenden Tabelle lassen sich die meisten lateinischen Zahlwörter im Text leicht identifizieren, sofern man die Vokabeln der Zahlen von I bis X kennt.

Regelmäßige Verben

ā-Konjugation

	Aktiv	Passiv
Ind. Präsens	laud—ō laudā-s lauda-t laudā-mus laudā-tis lauda-nt	laud—or laudā-ris laudā-tur laudā-mur laudā-minī lauda-ntur
Ind. Imperfekt	laudā-ba-m laudā-bā-s laudā-ba-t laudā-bā-mus laudā-bā-tis laudā-ba-nt	laudā-ba-r laudā-bā-ris laudā-bā-tur laudā-bā-mur laudā-bā-minī laudā-ba-ntur
Futur I	laudā-b-ō laudā-bi-s laudā-bi-t laudā-bi-mus laudā-bi-tis laudā-bu-nt	laudā-b-or laudā-be-ris laudā-bi-tur laudā-bi-mur laudā-bi-minī laudā-bu-ntur
Konj. Präsens	laud-e-m laud-ē-s laud-e-t laud-ē-mus laud-ē-tis laud-e-nt	laud-e-r laud-ē-ris laud-ē-tur laud-ē-mur laud-ē-minī laud-e-ntur
Konj. Imperfekt	laudā-re-m laudā-rē-s laudā-re-t laudā-rē-mus laudā-rē-tis laudā-re-nt	laudā-re-r laudā-rē-ris laudā-rē-tur laudā-rē-mur laudā-rē-minī laudā-re-ntur

	Aktiv	Passiv
Ind. Perfekt	laudāv-ī laudāv-istī laudāv-it laudāv-imus laudāv-istis laudāv-ērunt	laudāt-us sum laudāt-us es laudāt-us est laudāt-ī sumus laudāt-ī estis laudāt-ī sunt
Ind. Plqu.	laudāv-era-m laudāv-erā-s laudāv-era-t laudāv-erā-mus laudāv-erā-tis laudāv-era-nt	laudāt-us eram laudāt-us erās laudāt-us erat laudāt-ī erāmus laudāt-ī erātis laudāt-ī erant
Futur II	laudāv-er-ō laudāv-eri-s laudāv-eri-t laudāv-eri-mus laudāv-eri-tis laudāv-eri-nt	laudāt-us erō laudāt-us eris laudāt-us erit laudāt-ī erimus laudāt-ī eritis laudāt-ī erunt
Konj. Perfekt	laudāv-eri-m laudāv-erī-s laudāv-eri-t laudāv-erī-mus laudāv-erī-tis laudāv-eri-nt	laudāt-us sim laudāt-us sīs laudāt-us sit laudāt-ī sīmus laudāt-ī sītis laudāt-ī sint
Konj. Plqu.	laudāv-isse-m laudāv-issē-s laudāv-isse-t laudāv-issē-mus laudāv-issē-tis laudāv-isse-nt	laudāt-us essem laudāt-us essēs laudāt-us esset laudāt-ī essēmus laudāt-ī essētis laudāt-ī essent

Inf. Präs.	laudā-re	laudā-rī
Inf. Perf.	laudāv-isse	laudāt-um esse
Inf. Fut.	laudāt-ūr-um esse	laudātum īrī
Imperativ	laudā! (*Sg.*)	laudā-te! (*Pl.*)

PPA	laudā-ns	(*Gen.* -nt-is)
PPP	laudāt-us	(-a, -um)
PFA	laudāt-ūr-us	(-a, -um)
nd-Form	lauda-nd-us	(-a, -um)

Das Deponens *hortārī* hat in allen Tempora und Modi die gleichen Formen wie *laudārī* (Passiv zu *laudāre*). Lediglich der Imperativ Präsens des Deponens hat eigene Formen (siehe Seite 127).

ē-Konjugation

	Aktiv	Passiv
Ind. Präsens	mone-ō monē-s mone-t monē-mus monē-tis mone-nt	mone-or monē-ris monē-tur monē-mur monē-minī mone-ntur
Ind. Imperfekt	monē-ba-m monē-bā-s monē-ba-t monē-bā-mus monē-bā-tis monē-ba-nt	monē-ba-r monē-bā-ris monē-bā-tur monē-bā-mur monē-bā-minī monē-ba-ntur
Futur I	monē-b-ō monē-bi-s monē-bi-t monē-bi-mus monē-bi-tis monē-bu-nt	monē-b-or monē-be-ris monē-bi-tur monē-bi-mur monē-bi-minī monē-bu-ntur
Konj. Präsens	mone-a-m mone-ā-s mone-a-t mone-ā-mus mone-ā-tis mone-a-nt	mone-a-r mone-ā-ris mone-ā-tur mone-ā-mur mone-ā-minī mone-a-ntur
Konj. Imperfekt	monē-re-m monē-rē-s monē-re-t monē-rē-mus monē-rē-tis monē-re-nt	monē-re-r monē-rē-ris monē-rē-tur monē-rē-mur monē-rē-minī monē-re-ntur

	Aktiv	Passiv
Ind. Perfekt	monu-ī monu-istī monu-it monu-imus monu-istis monu-ērunt	monit-us sum monit-us es monit-us est monit-ī sumus monit-ī estis monit-ī sunt
Ind. Plqu.	monu-era-m monu-erā-s monu-era-t monu-erā-mus monu-erā-tis monu-era-nt	monit-us eram monit-us erās monit-us erat monit-ī erāmus monit-ī erātis monit-ī erant
Futur II	monu-er-ō monu-eri-s monu-eri-t monu-eri-mus monu-eri-tis monu-eri-nt	monit-us erō monit-us eris monit-us erit monit-ī erimus monit-ī eritis monit-ī erunt
Konj. Perfekt	monu-eri-m monu-erī-s monu-eri-t monu-erī-mus monu-erī-tis monu-eri-nt	monit-us sim monit-us sīs monit-us sit monit-ī sīmus monit-ī sītis monit-ī sint
Konj. Plqu.	monu-isse-m monu-issē-s monu-isse-t monu-issē-mus monu-issē-tis monu-isse-nt	monit-us essem monit-us essēs monit-us esset monit-ī essēmus monit-ī essētis monit-ī essent

Inf. Präs.	monē-re	monē-rī
Inf. Perf.	monu-isse	monit-um esse
Inf. Fut.	monit-ūr-um esse	monitum īrī
Imperativ	monē! (*Sg.*)	monē-te! (*Pl.*)

PPA	monē-ns	(*Gen.* -nt-is)
PPP	monit-us	(-a, -um)
PFA	monit-ūr-us	(-a, -um)
nd-Form	mone-nd-us	(-a, -um)

Das Deponens *fatērī* hat in allen Tempora und Modi die gleichen Formen wie *monērī* (Passiv zu *monēre*). Lediglich der Imperativ Präsens des Deponens hat eigene Formen (siehe Seite 127).

ī-Konjugation

	Aktiv	Passiv
Ind. Präsens	audi-ō audī-s audi-t audī-mus audī-tis audi-u-nt	audi-or audī-ris audī-tur audī-mur audī-minī audi-u-ntur
Ind. Imperfekt	audi-ēba-m audi-ēbā-s audi-ēba-t audi-ēbā-mus audi-ēbā-tis audi-ēba-nt	audi-ēba-r audi-ēbā-ris audi-ēbā-tur audi-ēbā-mur audi-ēbā-minī audi-ēba-ntur
Futur I	audi-a-m audi-ē-s audi-e-t audi-ē-mus audi-ē-tis audi-e-nt	audi-a-r audi-ē-ris audi-ē-tur audi-ē-mur audi-ē-minī audi-e-ntur
Konj. Präsens	audi-a-m audi-ā-s audi-a-t audi-ā-mus audi-ā-tis audi-a-nt	audi-a-r audi-ā-ris audi-ā-tur audi-ā-mur audi-ā-minī audi-a-ntur
Konj. Imperfekt	audī-re-m audī-rē-s audī-re-t audī-rē-mus audī-rē-tis audī-re-nt	audī-re-r audī-rē-ris audī-rē-tur audī-rē-mur audī-rē-minī audī-re-ntur

	Aktiv	Passiv
Ind. Perfekt	audīv-ī audīv-istī audīv-it audīv-imus audīv-istis audīv-ērunt	audīt-us sum audīt-us es audīt-us est audīt-ī sumus audīt-ī estis audīt-ī sunt
Ind. Plqu.	audīv-era-m audīv-erā-s audīv-era-t audīv-erā-mus audīv-erā-tis audīv-era-nt	audīt-us eram audīt-us erās audīt-us erat audīt-ī erāmus audīt-ī erātis audīt-ī erant
Futur II	audīv-er-ō audīv-eri-s audīv-eri-t audīv-eri-mus audīv-eri-tis audīv-eri-nt	audīt-us erō audīt-us eris audīt-us erit audīt-ī erimus audīt-ī eritis audīt-ī erunt
Konj. Perfekt	audīv-eri-m audīv-erī-s audīv-eri-t audīv-erī-mus audīv-erī-tis audīv-eri-nt	audīt-us sim audīt-us sīs audīt-us sit audīt-ī sīmus audīt-ī sītis audīt-ī sint
Konj. Plqu.	audīv-isse-m audīv-issē-s audīv-isse-t audīv-issē-mus audīv-issē-tis audīv-isse-nt	audīt-us essem audīt-us essēs audīt-us esset audīt-ī essēmus audīt-ī essētis audīt-ī essent

Inf. Präs.	audī-re	audī-rī
Inf. Perf.	audīv-isse	audīt-um esse
Inf. Fut.	audīt-ūr-um esse	audītum īrī
Imperativ	audī! (Sg.)	audī-te! (Pl.)

PPA	audi-ē-ns (Gen. -nt-is)
PPP	audīt-us (-a, -um)
PFA	audīt-ūr-us (-a, -um)
nd-Form	audi-e-nd-us (-a, -um)

Das Deponens ōrdīrī hat in allen Tempora und Modi die gleichen Formen wie audīrī (Passiv zu audīre). Lediglich der Imperativ Präsens des Deponens hat eigene Formen (siehe Seite 127).

konsonantische Konjugation

	Aktiv	Passiv
Ind. Präsens	leg-ō leg-i-s leg-i-t leg-i-mus leg-i-tis leg-u-nt	leg-or leg-e-ris leg-i-tur leg-i-mur leg-i-minī leg-u-ntur
Ind. Imperfekt	leg-ēba-m leg-ēbā-s leg-ēba-t leg-ēbā-mus leg-ēbā-tis leg-ēba-nt	leg-ēba-r leg-ēbā-ris leg-ēbā-tur leg-ēbā-mur leg-ēbā-minī leg-ēba-ntur
Futur I	leg-a-m leg-ē-s leg-e-t leg-ē-mus leg-ē-tis leg-e-nt	leg-a-r leg-ē-ris leg-ē-tur leg-ē-mur leg-ē-minī leg-e-ntur
Konj. Präsens	leg-a-m leg-ā-s leg-a-t leg-ā-mus leg-ā-tis leg-a-nt	leg-a-r leg-ā-ris leg-ā-tur leg-ā-mur leg-ā-minī leg-a-ntur
Konj. Imperfekt	leg-e-re-m leg-e-rē-s leg-e-re-t leg-e-rē-mus leg-e-rē-tis leg-e-re-nt	leg-e-re-r leg-e-rē-ris leg-e-rē-tur leg-e-rē-mur leg-e-rē-minī leg-e-re-ntur

	Aktiv	Passiv
Ind. Perfekt	lēg-ī lēg-istī lēg-it lēg-imus lēg-istis lēg-ērunt	lēct-us sum lēct-us es lēct-us est lēct-ī sumus lēct-ī estis lēct-ī sunt
Ind. Plqu.	lēg-era-m lēg-erā-s lēg-era-t lēg-erā-mus lēg-erā-tis lēg-era-nt	lēct-us eram lēct-us erās lēct-us erat lēct-ī erāmus lēct-ī erātis lēct-ī erant
Futur II	lēg-er-ō lēg-eri-s lēg-eri-t lēg-eri-mus lēg-eri-tis lēg-eri-nt	lēct-us erō lēct-us eris lēct-us erit lēct-ī erimus lēct-ī eritis lēct-ī erunt
Konj. Perfekt	lēg-eri-m lēg-erī-s lēg-eri-t lēg-erī-mus lēg-erī-tis lēg-eri-nt	lēct-us sim lēct-us sīs lēct-us sit lēct-ī sīmus lēct-ī sītis lēct-ī sint
Konj. Plqu.	lēg-isse-m lēg-issē-s lēg-isse-t lēg-issē-mus lēg-issē-tis lēg-isse-nt	lēct-us essem lēct-us essēs lēct-us esset lēct-ī essēmus lēct-ī essētis lēct-ī essent

Inf. Präs.	leg-e-re	leg-ī
Inf. Perf.	lēg-isse	lēct-um esse
Inf. Fut.	lēct-ūr-um esse	lēctum īrī
Imperativ	leg-e! (*Sg.*) *	leg-i-te! (*Pl.*)

PPA	leg-ē-ns	(*Gen.* -nt-is)
PPP	lēct-us	(-a, -um)
PFA	lēct-ūr-us	(-a, -um)
nd-Form	leg-e-nd-us	(-a, -um)

Das Deponens *ūtī* hat in allen Tempora und Modi die gleichen Formen wie *legī* (Passiv zu *legere*). Lediglich der Imperativ Präsens des Deponens hat eigene Formen (siehe Seite 127).

* *dīcere* und *dūcere* haben einen verkürzten Imperativ Singular: *dīc! dūc!*

kurz-i-Konjugation (bzw. gemischte Konjugation)

	Aktiv	Passiv
Ind. Präsens	capi-ō capi-s capi-t capi-mus capi-tis capi-u-nt	capi-or cape-ris capi-tur capi-mur capi-minī capi-u-ntur
Ind. Imperfekt	capi-ēba-m capi-ēbā-s capi-ēba-t capi-ēbā-mus capi-ēbā-tis capi-ēba-nt	capi-ēba-r capi-ēbā-ris capi-ēbā-tur capi-ēbā-mur capi-ēbā-minī capi-ēba-ntur
Futur I	capi-a-m capi-ē-s capi-e-t capi-ē-mus capi-ē-tis capi-e-nt	capi-a-r capi-ē-ris capi-ē-tur capi-ē-mur capi-ē-minī capi-e-ntur
Konj. Präsens	capi-a-m capi-ā-s capi-a-t capi-ā-mus capi-ā-tis capi-a-nt	capi-a-r capi-ā-ris capi-ā-tur capi-ā-mur capi-ā-minī capi-a-ntur
Konj. Imperfekt	cape-re-m cape-rē-s cape-re-t cape-rē-mus cape-rē-tis cape-re-nt	cape-re-r cape-rē-ris cape-rē-tur cape-rē-mur cape-rē-minī cape-re-ntur

	Aktiv	Passiv
Ind. Perfekt	cēp-ī cēp-istī cēp-it cēp-imus cēp-istis cēp-ērunt	capt-us sum capt-us es capt-us est capt-ī sumus capt-ī estis capt-ī sunt
Ind. Plqu.	cēp-era-m cēp-erā-s cēp-era-t cēp-erā-mus cēp-erā-tis cēp-era-nt	capt-us eram capt-us erās capt-us erat capt-ī erāmus capt-ī erātis capt-ī erant
Futur II	cēp-er-ō cēp-eri-s cēp-eri-t cēp-eri-mus cēp-eri-tis cēp-eri-nt	capt-us erō capt-us eris capt-us erit capt-ī erimus capt-ī eritis capt-ī erunt
Konj. Perfekt	cēp-eri-m cēp-erī-s cēp-eri-t cēp-erī-mus cēp-erī-tis cēp-eri-nt	capt-us sim capt-us sīs capt-us sit capt-ī sīmus capt-ī sītis capt-ī sint
Konj. Plqu.	cēp-isse-m cēp-issē-s cēp-isse-t cēp-issē-mus cēp-issē-tis cēp-isse-nt	capt-us essem capt-us essēs capt-us esset capt-ī essēmus capt-ī essētis capt-ī essent

Inf. Präs.	cape-re	capī
Inf. Perf.	cēp-isse	capt-um esse
Inf. Fut.	capt-ūr-um esse	captum īrī
Imperativ	cape! (Sg.)*	capi-te! (Pl.)

PPA	capi-ē-ns (Gen. -nt-is)
PPP	capt-us (-a, -um)
PFA	capt-ūr-us (-a, -um)
nd-Form	capi-e-nd-us (-a, -um)

Das Deponens *patī* hat in allen Tempora und Modi die gleichen Formen wie *capī* (Passiv zu *capere*). Lediglich der Imperativ Präsens des Deponens hat eigene Formen (siehe Seite 127).

* *facere* hat einen verkürzten Imperativ Singular: *fac!*

Indikativ Präsens Aktiv

ā-Konjugation	ē-Konjugation	ī-Konjugation	kons. Konjug.	kurz-i-Konjug.	esse
laud—ō	mone-ō	audi-ō	leg-ō	capi-ō	sum
laudā-s	monē-s	audī-s	leg-i-s	capi-s	es
lauda-t	mone-t	audi-t	leg-i-t	capi-t	est
laudā-mus	monē-mus	audī-mus	leg-i-mus	capi-mus	sumus
laudā-tis	monē-tis	audī-tis	leg-i-tis	capi-tis	estis
lauda-nt	mone-nt	audi-u-nt	leg-u-nt	capi-u-nt	sunt

Indikativ Imperfekt Aktiv

laudā-ba-m	monē-ba-m	audi-ēba-m	leg-ēba-m	capi-ēba-m	eram
laudā-bā-s	monē-bā-s	audi-ēbā-s	leg-ēbā-s	capi-ēbā-s	erās
laudā-ba-t	monē-ba-t	audi-ēba-t	leg-ēba-t	capi-ēba-t	erat
laudā-bā-mus	monē-bā-mus	audi-ēbā-mus	leg-ēbā-mus	capi-ēbā-mus	erāmus
laudā-bā-tis	monē-bā-tis	audi-ēbā-tis	leg-ēbā-tis	capi-ēbā-tis	erātis
laudā-ba-nt	monē-ba-nt	audi-ēba-nt	leg-ēba-nt	capi-ēba-nt	erant

Futur I Aktiv

laudā-b-ō	monē-b-ō	audi-a-m	leg-a-m	capi-a-m	erō
laudā-bi-s	monē-bi-s	audi-ē-s	leg-ē-s	capi-ē-s	eris
laudā-bi-t	monē-bi-t	audi-e-t	leg-e-t	capi-e-t	erit
laudā-bi-mus	monē-bi-mus	audi-ē-mus	leg-ē-mus	capi-ē-mus	erimus
laudā-bi-tis	monē-bi-tis	audi-ē-tis	leg-ē-tis	capi-ē-tis	eritis
laudā-bu-nt	monē-bu-nt	audi-e-nt	leg-e-nt	capi-e-nt	erunt

Konjunktiv Präsens Aktiv

laud-e-m	mone-a-m	audi-a-m	leg-a-m	capi-a-m	sim
laud-ē-s	mone-ā-s	audi-ā-s	leg-ā-s	capi-ā-s	sīs
laud-e-t	mone-a-t	audi-a-t	leg-a-t	capi-a-t	sit
laud-ē-mus	mone-ā-mus	audi-ā-mus	leg-ā-mus	capi-ā-mus	sīmus
laud-ē-tis	mone-ā-tis	audi-ā-tis	leg-ā-tis	capi-ā-tis	sītis
laud-e-nt	mone-a-nt	audi-a-nt	leg-a-nt	capi-a-nt	sint

Konjunktiv Imperfekt Aktiv

laudā-re-m	monē-re-m	audī-re-m	leg-e-re-m	cape-re-m	esse-m
laudā-rē-s	monē-rē-s	audī-rē-s	leg-e-rē-s	cape-rē-s	essē-s
laudā-re-t	monē-re-t	audī-re-t	leg-e-re-t	cape-re-t	esse-t
laudā-rē-mus	monē-rē-mus	audī-rē-mus	leg-e-rē-mus	cape-rē-mus	essē-mus
laudā-rē-tis	monē-rē-tis	audī-rē-tis	leg-e-rē-tis	cape-rē-tis	essē-tis
laudā-re-nt	monē-re-nt	audī-re-nt	leg-e-re-nt	cape-re-nt	esse-nt

Indikativ Präsens Passiv

ā-Konjugation	ē-Konjugation	ī-Konjugation	kons. Konjugation	kurz-i-Konjugation
laud—or	mone-or	audi-or	leg-or	capi-or
laudā-ris	monē-ris	audī-ris	leg-e-ris	cape-ris
laudā-tur	monē-tur	audī-tur	leg-i-tur	capi-tur
laudā-mur	monē-mur	audī-mur	leg-i-mur	capi-mur
laudā-minī	monē-minī	audī-minī	leg-i-minī	capi-minī
lauda-ntur	mone-ntur	audi-u-ntur	leg-u-ntur	capi-u-ntur

Indikativ Imperfekt Passiv

laudā-ba-r	monē-ba-r	audi-ēba-r	leg-ēba-r	capi-ēba-r
laudā-bā-ris	monē-bā-ris	audi-ēbā-ris	leg-ēbā-ris	capi-ēbā-ris
laudā-bā-tur	monē-bā-tur	audi-ēbā-tur	leg-ēbā-tur	capi-ēbā-tur
laudā-bā-mur	monē-bā-mur	audi-ēbā-mur	leg-ēbā-mur	capi-ēbā-mur
laudā-bā-minī	monē-bā-minī	audi-ēbā-minī	leg-ēbā-minī	capi-ēbā-minī
laudā-ba-ntur	monē-ba-ntur	audi-ēba-ntur	leg-ēba-ntur	capi-ēba-ntur

Futur I Passiv

laudā-b-or	monē-b-or	audi-a-r	leg-a-r	capi-a-r
laudā-be-ris	monē-be-ris	audi-ē-ris	leg-ē-ris	capi-ē-ris
laudā-bi-tur	monē-bi-tur	audi-ē-tur	leg-ē-tur	capi-ē-tur
laudā-bi-mur	monē-bi-mur	audi-ē-mur	leg-ē-mur	capi-ē-mur
laudā-bi-minī	monē-bi-minī	audi-ē-minī	leg-ē-minī	capi-ē-minī
laudā-bu-ntur	monē-bu-ntur	audi-e-ntur	leg-e-ntur	capi-e-ntur

Konjunktiv Präsens Passiv

laud-e-r	mone-a-r	audi-a-r	leg-a-r	capi-a-r
laud-ē-ris	mone-ā-ris	audi-ā-ris	leg-ā-ris	capi-ā-ris
laud-ē-tur	mone-ā-tur	audi-ā-tur	leg-ā-tur	capi-ā-tur
laud-ē-mur	mone-ā-mur	audi-ā-mur	leg-ā-mur	capi-ā-mur
laud-ē-minī	mone-ā-minī	audi-ā-minī	leg-ā-minī	capi-ā-minī
laud-e-ntur	mone-a-ntur	audi-a-ntur	leg-a-ntur	capi-a-ntur

Konjunktiv Imperfekt Passiv

laudā-re-r	monē-re-r	audī-re-r	leg-e-re-r	cape-re-r
laudā-rē-ris	monē-rē-ris	audī-rē-ris	leg-e-rē-ris	cape-rē-ris
laudā-rē-tur	monē-rē-tur	audī-rē-tur	leg-e-rē-tur	cape-rē-tur
laudā-rē-mur	monē-rē-mur	audī-rē-mur	leg-e-rē-mur	cape-rē-mur
laudā-rē-minī	monē-rē-minī	audī-rē-minī	leg-e-rē-minī	cape-rē-minī
laudā-re-ntur	monē-re-ntur	audī-re-ntur	leg-e-re-ntur	cape-re-ntur

Indikativ Perfekt Aktiv

ā-Konjugation	ē-Konjugation	ī-Konjugation	kons. Konjug.	kurz-i-Konjug.	esse
laudāv-ī	monu-ī	audīv-ī	lēg-ī	cēp-ī	fu-ī
laudāv-istī	monu-istī	audīv-istī	lēg-istī	cēp-istī	fu-istī
laudāv-it	monu-it	audīv-it	lēg-it	cēp-it	fu-it
laudāv-imus	monu-imus	audīv-imus	lēg-imus	cēp-imus	fu-imus
laudāv-istis	monu-istis	audīv-istis	lēg-istis	cēp-istis	fu-istis
laudāv-ērunt	monu-ērunt	audīv-ērunt	lēg-ērunt	cēp-ērunt	fu-ērunt

Indikativ Plusquamperfekt Aktiv

laudāv-era-m	monu-era-m	audīv-era-m	lēg-era-m	cēp-era-m	fu-era-m
laudāv-erā-s	monu-erā-s	audīv-erā-s	lēg-erā-s	cēp-erā-s	fu-erā-s
laudāv-era-t	monu-era-t	audīv-era-t	lēg-era-t	cēp-era-t	fu-era-t
laudāv-erā-mus	monu-erā-mus	audīv-erā-mus	lēg-erā-mus	cēp-erā-mus	fu-erā-mus
laudāv-erā-tis	monu-erā-tis	audīv-erā-tis	lēg-erā-tis	cēp-erā-tis	fu-erā-tis
laudāv-era-nt	monu-era-nt	audīv-era-nt	lēg-era-nt	cēp-era-nt	fu-era-nt

Futur II Aktiv

laudāv-er-ō	monu-er-ō	audīv-er-ō	lēg-er-ō	cēp-er-ō	fu-er-ō
laudāv-eri-s	monu-eri-s	audīv-eri-s	lēg-eri-s	cēp-eri-s	fu-eri-s
laudāv-eri-t	monu-eri-t	audīv-eri-t	lēg-eri-t	cēp-eri-t	fu-eri-t
laudāv-eri-mus	monu-eri-mus	audīv-eri-mus	lēg-eri-mus	cēp-eri-mus	fu-eri-mus
laudāv-eri-tis	monu-eri-tis	audīv-eri-tis	lēg-eri-tis	cēp-eri-tis	fu-eri-tis
laudāv-eri-nt	monu-eri-nt	audīv-eri-nt	lēg-eri-nt	cēp-eri-nt	fu-eri-nt

Konjunktiv Perfekt Aktiv

laudāv-eri-m	monu-eri-m	audīv-eri-m	lēg-eri-m	cēp-eri-m	fu-eri-m
laudāv-erī-s	monu-erī-s	audīv-erī-s	lēg-erī-s	cēp-erī-s	fu-erī-s
laudāv-eri-t	monu-eri-t	audīv-eri-t	lēg-eri-t	cēp-eri-t	fu-eri-t
laudāv-erī-mus	monu-erī-mus	audīv-erī-mus	lēg-erī-mus	cēp-erī-mus	fu-erī-mus
laudāv-erī-tis	monu-erī-tis	audīv-erī-tis	lēg-erī-tis	cēp-erī-tis	fu-erī-tis
laudāv-eri-nt	monu-eri-nt	audīv-eri-nt	lēg-eri-nt	cēp-eri-nt	fu-eri-nt

Konjunktiv Plusquamperfekt Aktiv

laudāv-isse-m	monu-isse-m	audīv-isse-m	lēg-isse-m	cēp-isse-m	fu-isse-m
laudāv-issē-s	monu-issē-s	audīv-issē-s	lēg-issē-s	cēp-issē-s	fu-issē-s
laudāv-isse-t	monu-isse-t	audīv-isse-t	lēg-isse-t	cēp-isse-t	fu-isse-t
laudāv-issē-mus	monu-issē-mus	audīv-issē-mus	lēg-issē-mus	cēp-issē-mus	fu-issē-mus
laudāv-issē-tis	monu-issē-tis	audīv-issē-tis	lēg-issē-tis	cēp-issē-tis	fu-issē-tis
laudāv-isse-nt	monu-isse-nt	audīv-isse-nt	lēg-isse-nt	cēp-isse-nt	fu-isse-nt

Indikativ Perfekt Passiv

ā-Konjugation	ē-Konjugation	ī-Konjugation	kons. Konjugation	kurz-i-Konjugation
laudāt-us sum	monit-us sum	audīt-us sum	lēct-us sum	capt-us sum
laudāt-us es	monit-us es	audīt-us es	lēct-us es	capt-us es
laudāt-us est	monit-us est	audīt-us est	lēct-us est	capt-us est
laudāt-ī sumus	monit-ī sumus	audīt-ī sumus	lēct-ī sumus	capt-ī sumus
laudāt-ī estis	monit-ī estis	audīt-ī estis	lēct-ī estis	capt-ī estis
laudāt-ī sunt	monit-ī sunt	audīt-ī sunt	lēct-ī sunt	capt-ī sunt

Indikativ Plusquamperfekt Passiv

laudāt-us eram	monit-us eram	audīt-us eram	lēct-us eram	capt-us eram
laudāt-us erās	monit-us erās	audīt-us erās	lēct-us erās	capt-us erās
laudāt-us erat	monit-us erat	audīt-us erat	lēct-us erat	capt-us erat
laudāt-ī erāmus	monit-ī erāmus	audīt-ī erāmus	lēct-ī erāmus	capt-ī erāmus
laudāt-ī erātis	monit-ī erātis	audīt-ī erātis	lēct-ī erātis	capt-ī erātis
laudāt-ī erant	monit-ī erant	audīt-ī erant	lēct-ī erant	capt-ī erant

Futur II Passiv

laudāt-us erō	monit-us erō	audīt-us erō	lēct-us erō	capt-us erō
laudāt-us eris	monit-us eris	audīt-us eris	lēct-us eris	capt-us eris
laudāt-us erit	monit-us erit	audīt-us erit	lēct-us erit	capt-us erit
laudāt-ī erimus	monit-ī erimus	audīt-ī erimus	lēct-ī erimus	capt-ī erimus
laudāt-ī eritis	monit-ī eritis	audīt-ī eritis	lēct-ī eritis	capt-ī eritis
laudāt-ī erunt	monit-ī erunt	audīt-ī erunt	lēct-ī erunt	capt-ī erunt

Konjunktiv Perfekt Passiv

laudāt-us sim	monit-us sim	audīt-us sim	lēct-us sim	capt-us sim
laudāt-us sīs	monit-us sīs	audīt-us sīs	lēct-us sīs	capt-us sīs
laudāt-us sit	monit-us sit	audīt-us sit	lēct-us sit	capt-us sit
laudāt-ī sīmus	monit-ī sīmus	audīt-ī sīmus	lēct-ī sīmus	capt-ī sīmus
laudāt-ī sītis	monit-ī sītis	audīt-ī sītis	lēct-ī sītis	capt-ī sītis
laudāt-ī sint	monit-ī sint	audīt-ī sint	lēct-ī sint	capt-ī sint

Konjunktiv Plusquamperfekt Passiv

laudāt-us essem	monit-us essem	audīt-us essem	lēct-us essem	capt-us essem
laudāt-us essēs	monit-us essēs	audīt-us essēs	lēct-us essēs	capt-us essēs
laudāt-us esset	monit-us esset	audīt-us esset	lēct-us esset	capt-us esset
laudāt-ī essēmus	monit-ī essēmus	audīt-ī essēmus	lēct-ī essēmus	capt-ī essēmus
laudāt-ī essētis	monit-ī essētis	audīt-ī essētis	lēct-ī essētis	capt-ī essētis
laudāt-ī essent	monit-ī essent	audīt-ī essent	lēct-ī essent	capt-ī essent

Nominalformen und Imperative

	Inf. Präs. Akt.	Inf. Präs. Pass.	Inf. Perf. Akt.	Inf. Perf. Pass.
ā-Konj.	laudā-re	laudā-rī	laudāv-isse	laudāt-um (-am, -um) esse
ē-Konj.	monē-re	monē-rī	monu-isse	monit-um (-am, -um) esse
ī-Konj.	audī-re	audī-rī	audīv-isse	audīt-um (-am, -um) esse
kons.	leg-e-re	leg-ī	lēg-isse	lēct-um (-am, -um) esse
kurz-i	cape-re	capī	cēp-isse	capt-um (-am, -um) esse
esse	es-se	—	fu-isse	—

	Inf. Fut. Akt.	Inf. Fut. Pass.	Imp. Sg.	Imp. Pl.
ā-Konj.	laudāt-ūr-um (-am, -um) esse	laudātum īrī *	laudā!	laudā-te!
ē-Konj.	monit-ūr-um (-am, -um) esse	monitum īrī *	monē!	monē-te!
ī-Konj.	audīt-ūr-um (-am, -um) esse	audītum īrī *	audī!	audī-te!
kons.	lēct-ūr-um (-am, -um) esse	lēctum īrī *	leg-e!	leg-i-te!
kurz-i	capt-ūr-um (-am, -um) esse	captum īrī *	cape!	capi-te!
esse	fut-ūr-um (-am, -um) esse = fore	—	es!	es-te!

	Part. Präs. Akt.	Part. Perf. Pass.	Part. Fut. Akt.	nd-Form
ā-Konj.	laudā-ns (-ns, -ns) *Gen.* lauda-nt-is	laudāt-us (-a, -um)	laudāt-ūr-us (-a, -um)	lauda-nd-us (-a, -um)
ē-Konj.	monē-ns (-ns, -ns) *Gen.* mone-nt-is	monit-us (-a, -um)	monit-ūr-us (-a, -um)	mone-nd-us (-a, -um)
ī-Konj.	audi-ē-ns (-ns, -ns) *Gen.* audi-e-nt-is	audīt-us (-a, -um)	audīt-ūr-us (-a, -um)	audi-e-nd-us (-a, -um)
kons.	leg-ē-ns (-ns, -ns) *Gen.* leg-e-nt-is	lēct-us (-a, -um)	lēct-ūr-us (-a, -um)	leg-e-nd-us (-a, -um)
kurz-i	capi-ē-ns (-ns, -ns) *Gen.* capi-e-nt-is	capt-us (-a, -um)	capt-ūr-us (-a, -um)	capi-e-nd-us (-a, -um)
esse	—	—	fut-ūr-us (-a, -um)	—

* Der Infinitiv Futur Passiv lautet unabhängig vom Kasus, Numerus und Genus des Subjekts immer *-um īrī*. Die übrigen Nominalformen dieser Seite stehen (wie in Klammern angedeutet) in KNG-Kongruenz.

Unregelmäßige Verben (verba anōmala)

esse — posse — prōdesse

Ind. Präsens	sum	pos-sum*	prō-sum	Ind. Perfekt	fu-ī	potu-ī	prō-fu-ī
	es	pot-es	prōd-es		fu-istī	potu-istī	prō-fu-istī
	est	pot-est	prōd-est		fu-it	potu-it	prō-fu-it
	sumus	pos-sumus	prō-sumus		fu-imus	potu-imus	prō-fu-imus
	estis	pot-estis	prōd-estis		fu-istis	potu-istis	prō-fu-istis
	sunt	pos-sunt	prō-sunt		fu-ērunt	potu-ērunt	prō-fu-ērunt
Ind. Imperfekt	eram	pot-eram	prōd-eram	Ind. Plqu.	fu-era-m	potu-era-m	prō-fu-era-m
	erās	pot-erās	prōd-erās		fu-erā-s	potu-erā-s	prō-fu-erā-s
	erat	pot-erat	prōd-erat		fu-era-t	potu-era-t	prō-fu-era-t
	erāmus	pot-erāmus	prōd-erāmus		fu-erā-mus	potu-erā-mus	prō-fu-erā-mus
	erātis	pot-erātis	prōd-erātis		fu-erā-tis	potu-erā-tis	prō-fu-erā-tis
	erant	pot-erant	prōd-erant		fu-era-nt	potu-era-nt	prō-fu-era-nt
Futur I	erō	pot-erō	prōd-erō	Futur II	fu-er-ō	potu-er-ō	prō-fu-er-ō
	eris	pot-eris	prōd-eris		fu-eri-s	potu-eri-s	prō-fu-eri-s
	erit	pot-erit	prōd-erit		fu-eri-t	potu-eri-t	prō-fu-eri-t
	erimus	pot-erimus	prōd-erimus		fu-eri-mus	potu-eri-mus	prō-fu-eri-mus
	eritis	pot-eritis	prōd-eritis		fu-eri-tis	potu-eri-tis	prō-fu-eri-tis
	erunt	pot-erunt	prōd-erunt		fu-eri-nt	potu-eri-nt	prō-fu-eri-nt
Konj. Präsens	sim	pos-sim	prō-sim	Konj. Perfekt	fu-eri-m	potu-eri-m	prō-fu-eri-m
	sīs	pos-sīs	prō-sīs		fu-erī-s	potu-erī-s	prō-fu-erī-s
	sit	pos-sit	prō-sit		fu-eri-t	potu-eri-t	prō-fu-eri-t
	sīmus	pos-sīmus	prō-sīmus		fu-erī-mus	potu-erī-mus	prō-fu-erī-mus
	sītis	pos-sītis	prō-sītis		fu-erī-tis	potu-erī-tis	prō-fu-erī-tis
	sint	pos-sint	prō-sint		fu-eri-nt	potu-eri-nt	prō-fu-eri-nt
Konj. Imperfekt	esse-m	posse-m	prōdesse-m	Konj. Plqu.	fu-isse-m	potu-isse-m	prō-fu-isse-m
	essē-s	possē-s	prōdessē-s		fu-issē-s	potu-issē-s	prō-fu-issē-s
	esse-t	posse-t	prōdesse-t		fu-isse-t	potu-isse-t	prō-fu-isse-t
	essē-mus	possē-mus	prōdessē-mus		fu-issē-mus	potu-issē-mus	prō-fu-issē-mus
	essē-tis	possē-tis	prōdessē-tis		fu-issē-tis	potu-issē-tis	prō-fu-issē-tis
	esse-nt	posse-nt	prōdesse-nt		fu-isse-nt	potu-isse-nt	prō-fu-isse-nt

Inf. Präs.	esse	posse	prōd-esse
Inf. Perf.	fu-isse	potu-isse	prō-fu-isse
Inf. Fut.	fut-ūr-um esse (= fore)	—	prō-fut-ūr-um esse
Imperativ	es! (Sg.) este! (Pl.)	—	prōdes! (Sg.) prōdeste! (Pl.)
PPA	—**	potē-ns (Gen. pote-nt-is)	—
PFA	fut-ūr-us (-a, -um)	—	prō-fut-ūr-us (-a, -um)

* Bei *posse* wird das *t* des Stamms vor *s* assimiliert (angeglichen): *pot-sum > *pos-sum*

** Die Komposita *ab-esse* und *prae-esse* haben auch ein PPA: *ab-sē-ns*   (Gen. *ab-se-nt-is*)   (»abwesend«)
    prae-sē-ns (Gen. *prae-se-nt-is*) (»gegenwärtig«)

īre — ferre

		Aktiv	Passiv
Ind. Präsens	e-ō	fer-ō	fer-or
	ī-s	fer-s	fer-ris
	i-t	fer-t	fer-tur
	ī-mus	fer-i-mus	fer-i-mur
	ī-tis	fer-tis	fer-i-minī
	e-u-nt	fer-u-nt	fer-u-ntur
Ind. Imperfekt	ī-ba-m	fer-ēba-m	fer-ēba-r
	ī-bā-s	fer-ēbā-s	fer-ēbā-ris
	ī-ba-t	fer-ēba-t	fer-ēba-tur
	ī-bā-mus	fer-ēbā-mus	fer-ēbā-mur
	ī-bā-tis	fer-ēbā-tis	fer-ēbā-minī
	ī-ba-nt	fer-ēba-nt	fer-ēba-ntur
Futur I	ī-b-ō	fer-a-m	fer-a-r
	ī-bi-s	fer-ē-s	fer-ē-ris
	ī-bi-t	fer-e-t	fer-ē-tur
	ī-bi-mus	fer-ē-mus	fer-ē-mur
	ī-bi-tis	fer-ē-tis	fer-ē-minī
	ī-bu-nt	fer-e-nt	fer-e-ntur
Konj. Präsens	e-a-m	fer-a-m	fer-a-r
	e-ā-s	fer-ā-s	fer-ā-ris
	e-a-t	fer-a-t	fer-a-tur
	e-ā-mus	fer-ā-mus	fer-ā-mur
	e-ā-tis	fer-ā-tis	fer-ā-minī
	e-a-nt	fer-a-nt	fer-a-ntur
Konj. Imperfekt	ī-re-m	fer-re-m	fer-re-r
	ī-rē-s	fer-rē-s	fer-rē-ris
	ī-re-t	fer-re-t	fer-rē-tur
	ī-rē-mus	fer-rē-mus	fer-rē-mur
	ī-rē-tis	fer-rē-tis	fer-rē-minī
	ī-re-nt	fer-re-nt	fer-re-ntur

		Aktiv	Passiv
Ind. Perfekt	i-ī	tul-ī	lātus sum
	īstī	tul-istī	lātus es
	i-it	tul-it	lātus est
	i-imus	tul-imus	lātī sumus
	īstis	tul-istis	lātī estis
	i-ērunt	tul-ērunt	lātī sunt
Ind. Plqu.	i-era-m	tul-era-m	lātus eram
	i-erā-s	tul-erā-s	lātus erās
	i-era-t	tul-era-t	lātus erat
	i-erā-mus	tul-erā-mus	lātī erāmus
	i-erā-tis	tul-erā-tis	lātī erātis
	i-era-nt	tul-era-nt	lātī erant
Futur II	i-er-ō	tul-er-ō	lātus erō
	i-eri-s	tul-eri-s	lātus eris
	i-eri-t	tul-eri-t	lātus erit
	i-eri-mus	tul-eri-mus	lātī erimus
	i-eri-tis	tul-eri-tis	lātī eritis
	i-eri-nt	tul-eri-nt	lātī erunt
Konj. Perfekt	i-eri-m	tul-eri-m	lātus sim
	i-erī-s	tul-erī-s	lātus sīs
	i-eri-t	tul-eri-t	lātus sit
	i-erī-mus	tul-erī-mus	lātī sīmus
	i-erī-tis	tul-erī-tis	lātī sītis
	i-eri-nt	tul-eri-nt	lātī sint
Konj. Plqu.	īsse-m	tul-isse-m	lātus essem
	īssē-s	tul-issē-s	lātus essēs
	īsse-t	tul-isse-t	lātus esset
	īssē-mus	tul-issē-mus	lātī essēmus
	īssē-tis	tul-issē-tis	lātī essētis
	īsse-nt	tul-isse-nt	lātī essent

Inf. Präs.	īre	ferre (*Akt.*) ferrī (*Pass.*)
Inf. Perf.	īsse	tul-isse (*Akt.*) lātum esse (*Pass.*)
Inf. Fut.	it-ūr-um esse	lāt-ūr-um esse
Imperativ	ī! īte!	fer! ferte!

PPA	i-ē-ns (-ns, -ns) (*Gen.* e-u-nt-is)	fer-ē-ns (-ns, -ns) (*Gen.* fer-e-nt-is)
PPP	—	lāt-us (-a, -um)
PFA	it-ūr-us (-a, -um)	lāt-ūr-us (-a, -um)
nd-Form	e-u-nd-us	fer-e-nd-us

Bei *īre* werden zwei *i* vor *s* kontrahiert (zusammengezogen): *iistī > īstī*.

In der 3. Sg. gibt es bei *īre* auch ein unpersönliches Passiv: *itur* (»es wird gegangen« = »man geht«) — *itum est* (»es wurde gegangen« = »man ging«) — analog die Komposita: *cum redīrētur* (»als man zurückging«), usw.

velle — nōlle — mālle

Ind. Präsens	volō vīs vult volumus vultis volunt	nōlō nōn vīs nōn vult nōlumus nōn vultis nōlunt	mālō māvīs māvult mālumus māvultis mālunt	*Ind. Perfekt*	volu-ī volu-istī volu-it volu-imus volu-istis volu-ērunt	nōlu-ī nōlu-istī nōlu-it nōlu-imus nōlu-istis nōlu-ērunt	mālu-ī mālu-istī mālu-it mālu-imus mālu-istis mālu-ērunt
Ind. Imperfekt	vol-ēba-m vol-ēbā-s vol-ēba-t vol-ēbā-mus vol-ēbā-tis vol-ēba-nt	nōl-ēba-m nōl-ēbā-s nōl-ēba-t nōl-ēbā-mus nōl-ēbā-tis nōl-ēba-nt	māl-ēba-m māl-ēbā-s māl-ēba-t māl-ēbā-mus māl-ēbā-tis māl-ēba-nt	*Ind. Plqu.*	volu-era-m volu-erā-s volu-era-t volu-erā-mus volu-erā-tis volu-era-nt	nōlu-era-m nōlu-erā-s nōlu-era-t nōlu-erā-mus nōlu-erā-tis nōlu-era-nt	mālu-era-m mālu-erā-s mālu-era-t mālu-erā-mus mālu-erā-tis mālu-era-nt
Futur I	vol-a-m vol-ē-s vol-e-t vol-ē-mus vol-ē-tis vol-e-nt	nōl-a-m nōl-ē-s nōl-e-t nōl-ē-mus nōl-ē-tis nōl-e-nt	māl-a-m māl-ē-s māl-e-t māl-ē-mus māl-ē-tis māl-e-nt	*Futur II*	volu-er-ō volu-eri-s volu-eri-t volu-eri-mus volu-eri-tis volu-eri-nt	nōlu-er-ō nōlu-eri-s nōlu-eri-t nōlu-eri-mus nōlu-eri-tis nōlu-eri-nt	mālu-er-ō mālu-eri-s mālu-eri-t mālu-eri-mus mālu-eri-tis mālu-eri-nt
Konj. Präsens	vel-i-m vel-ī-s vel-i-t vel-ī-mus vel-ī-tis vel-i-nt	nōl-i-m nōl-ī-s nōl-i-t nōl-ī-mus nōl-ī-tis nōl-i-nt	māl-i-m māl-ī-s māl-i-t māl-ī-mus māl-ī-tis māl-i-nt	*Konj. Perfekt*	volu-eri-m volu-erī-s volu-eri-t volu-erī-mus volu-erī-tis volu-eri-nt	nōlu-eri-m nōlu-erī-s nōlu-eri-t nōlu-erī-mus nōlu-erī-tis nōlu-eri-nt	mālu-eri-m mālu-erī-s mālu-eri-t mālu-erī-mus mālu-erī-tis mālu-eri-nt
Konj. Imperfekt	vel-le-m vel-lē-s vel-le-t vel-lē-mus vel-lē-tis vel-le-nt	nōl-le-m nōl-lē-s nōl-le-t nōl-lē-mus nōl-lē-tis nōl-le-nt	māl-le-m māl-lē-s māl-le-t māl-lē-mus māl-lē-tis māl-le-nt	*Konj. Plqu.*	volu-isse-m volu-issē-s volu-isse-t volu-issē-mus volu-issē-tis volu-isse-nt	nōlu-isse-m nōlu-issē-s nōlu-isse-t nōlu-issē-mus nōlu-issē-tis nōlu-isse-nt	mālu-isse-m mālu-issē-s mālu-isse-t mālu-issē-mus mālu-issē-tis mālu-isse-nt

Inf. Präsens	velle	nōlle	mālle
Inf. Perfekt	volu-isse	nōlu-isse	mālu-isse
Imperativ	—	nōlī! (*Sg.*) nōlīte! (*Pl.*)	—
PPA	vol-ē-ns (-ns, -ns) (*Gen.* vol-e-nt-is) »wollend« = »willig«	nōl-ē-ns (-ns, -ns) (*Gen.* nōl-e-nt-is) »nicht wollend« = »unwillig«	māl-ē-ns (-ns, -ns) (*Gen.* māl-e-nt-is) [kommt sehr selten vor]

Durch die Imperative *nōlī* und *nōlīte* wird in Verbindung mit einem Infinitiv ein Verbot ausgesprochen: *nōlī mē tangere!* (»Rühr mich nicht an!«) — *nōlīte dēspērāre!* (»Verzweifelt nicht!«)

fierī

Ind. Präsens	fī-ō (fīo) fī-s fī-t fī-mus fī-tis fī-u-nt	Ind. Perfekt	factus sum factus es factus est factī sumus factī estis factī sunt
Ind. Imperfekt	fī-ēba-m fī-ēbā-s fī-ēba-t fī-ēbā-mus fī-ēbā-tis fī-ēba-nt	Ind. Plqu.	factus eram factus erās factus erat factī erāmus factī erātis factī erant
Futur I	fī-a-m fī-ē-s fī-e-t fī-ē-mus fī-ē-tis fī-e-nt	Futur II	factus erō factus eris factus erit factī erimus factī eritis factī erunt
Konj. Präsens	fī-a-m fī-ā-s fī-a-t fī-ā-mus fī-ā-tis fī-a-nt	Konj. Perfekt	factus sim factus sīs factus sit factī sīmus factī sītis factī sint
Konj. Imperfekt	fi-e-re-m fi-e-rē-s fi-e-re-t fi-e-rē-mus fi-e-rē-tis fi-e-re-nt	Konj. Plqu.	factus essem factus essēs factus esset factī essēmus factī essētis factī essent

Inf. Präs.	fierī
Inf. Perf.	fact-um esse
Inf. Fut.	fact-ūr-um esse (= fore)
Imperativ	fī! (*Sg.*) fīte! (*Pl.*)
nd-Form	(*Ersatz durch* faci-e-nd-us)

Der Stammvokal ist vor Vokalen lang, außer vor -*er*.

Wenn *fierī* in der passivischen Bedeutung »gemacht werden« verwendet wird, lautet der Infinitiv Futur unverändert *factum īrī*.

Die angeblich existierenden Formen *fīēns* und *fīendus* sind im klassischen und nachklassischen Latein nicht belegt (*fīendō* erst in der Spätantike).

Unvollständige Verben (verba dēfectīva)

Ind. Präs.	Ind. Impf.	Konj. Präs.	Ind. Präs.	Fut. I	Ind. Perf.	Ind. Präs.
āi-ō	āi-ēba-m	—	inquam	—	—	quaesō
ai-s	āi-ēbā-s	āi-ā-s	inquis	inquiēs	—	—
ai-t	āi-ēba-t	āi-a-t	inquit	inquiet	inquit	—
—	āi-ēbā-mus	—	—	—	—	quaesumus
—	āi-ēbā-tis	—	—	—	—	—
āi-u-nt	āi-ēba-nt	āi-a-nt	inquiunt	—	—	—

Deponentien

Das Deponens *hortārī* hat in allen Tempora und Modi die gleichen Formen wie *laudārī* (Passiv zu *laudāre*), *fatērī* wie *monērī* (Passiv zu *monēre*), *ōrdīrī* wie *audīrī* (Passiv zu *audīre*), *ūtī* wie *legī* (Passiv zu *legere*) und *patī* wie *capī* (Passiv zu *capere*). Lediglich der **Imperativ Präsens des Deponens** hat eigene Formen:

2. Sg.	hortā-re!	fatē-re!	ōrdī-re!	ūt-e-re!	pate-re!
2. Pl.	hortā-minī!	fatē-minī!	ōrdī-minī!	ūt-i-minī!	pati-minī!

Seltene und sehr seltene Formen für echte Latein-Fans

Imperativ Futur Aktiv

2. Sg.	laudā-tō!	monē-tō!	audī-tō!	leg-i-tō!	capi-tō!	es-tō!
2. Pl.	laudā-tōte!	monē-tōte!	audī-tōte!	leg-i-tōte!	capi-tōte!	es-tōte!
3. Sg.	laudā-tō!	monē-tō!	audī-tō!	leg-i-tō!	capi-tō!	es-tō! *
3. Pl.	lauda-ntō!	mone-ntō!	audi-u-ntō!	leg-u-ntō!	capi-u-ntō!	su-ntō!

* Hier hat sogar *posse* einen Imperativ Futur Aktiv: *potestō* (»er soll können«).

Imperativ Futur Passiv

2. Sg.	laudā-tor!	monē-tor!	audī-tor!	leg-i-tor!	capi-tor!
3. Sg.	laudā-tor!	monē-tor!	audī-tor!	leg-i-tor!	capi-tor!
3. Pl.	lauda-ntor!	mone-ntor!	audi-u-ntor!	leg-u-ntor!	capi-u-ntor!

Imperativ Futur des Deponens

2. Sg.	hortā-tor!	fatē-tor!	ōrdī-tor!	ūt-i-tor!	pati-tor!
3. Sg.	hortā-tor!	fatē-tor!	ōrdī-tor!	ūt-i-tor!	pati-tor!
3. Pl.	horta-ntor!	fate-ntor!	ōrdi-u-ntor!	ūt-u-ntor!	pati-u-ntor!

Für die 2. Pl. gibt es keine entsprechende Form. Mit dem Imperativ Futur des Deponens kann man manchen Profi aufs Kreuz legen.

Supinum

Sup. I	laudāt-um	monit-um	audīt-um	lēct-um	capt-um
Sup. II	laudāt-ū	monit-ū	audīt-ū	lēct-ū	capt-ū

Das war's schon!